Razón y emoción

FERRAN SALMURRI TRINXET

RAZÓN Y EMOCIÓN

Recursos para aprender y enseñar a pensar

Prólogo de
LUIS LÓPEZ-MENA

RBA

Avda. Diagonal, 189 - 08018 Barcelona.
rbalibros.com

Primera edición: enero de 2015.

REF.: ONFI769
ISBN: 978-84-9056-407-3
DEPÓSITO LEGAL: B. 25.820-2014

ANGLOFORT, S.A. • PREIMPRESIÓN

A TODOS AQUELLOS QUE CREEN QUE UN MUNDO
MEJOR ES POSIBLE Y QUE ESTÁN DISPUESTOS
A SACAR LA CABEZA DE SU CAPARAZÓN

La felicidad se alcanza cuando lo que uno piensa, lo que uno dice y lo que uno hace están en armonía.

MAHATMA GANDHI

CONTENIDO

RAZÓN Y EMOCIÓN

PRÓLOGO
por
LUIS LÓPEZ-MENA*

Este texto proporciona una importante y sólida muestra del avance en el quehacer de la psicología, que en este trabajo sale de la clínica para explicar de forma amigable, comprensible y aplicable a nuestras acciones cotidianas la necesidad de compartir conocimientos actualizados, con el propósito de mejorar nuestro equilibrio racional-emotivo individual.

Las emociones ayudaron a nuestra especie a sobrevivir y aún mantienen intacta su vigencia como recurso de supervivencia. Pero esta obra señala que es posible utilizar los recursos actuales del conocimiento científico para ir más allá del simple control o represión de impulsos primigenios, para contribuir a la mejora de las condiciones de vida de las personas en sus interacciones sociales y familiares y lograr un mayor bienestar en estas situaciones.

La ciencia de la conducta ha alcanzado un desarrollo notable en los últimos años. Un avance significativo se ha producido gracias a las neuroimágenes obtenidas mediante técnicas como la tomografía por emisión de positrones. Los psicólogos, asociados con neurólogos y otros especialistas, han profundizado así en la investigación del

* Doctor en Psicología y director de PERSIST LTDA.

funcionamiento del cerebro humano. Han identificado cada vez con mayor precisión la actuación del sistema límbico y el comportamiento de los neurotransmisores, y han descrito los procesos más activos y eficientes que contribuyen a alcanzar el equilibrio necesario en la conducta; como suele decirse, entre la cabeza y el corazón. Una nueva mirada surge sobre la vida emocional a partir de este mejor conocimiento de la psique. Como todo conocimiento, este puede ser empleado con diversos fines, y la mejor defensa contra usos antiéticos del mismo es su mejor gestión por parte de las personas que podrían verse afectadas si estos conocimientos no se emplean en su favor, sino en su contra.

Por ejemplo, la emisión de impulsos electromagnéticos dirigidos a la zona parietofrontal del cerebro, zona que recientemente ha sido identificada como la base neuronal especializada en reconocer cómo piensan los demás, es una técnica que se encuentra en fase experimental, pero es necesario difundir desde su inicio este tipo de estudios para que la sociedad tenga muy claro el profundo impacto que pueden tener, por la posibilidad de su empleo para la manipulación de personas o grupos por parte de quienes los poseen sobre quienes los desconocen.

Para contribuir al empleo y la difusión de estos nuevos conocimientos, algunos psicólogos clínicos, como el autor de esta obra, han logrado traspasarlos del mundo de los laboratorios de conducta a su práctica clínica cotidiana. Gracias a ellos, su trabajo, la atención individualizada de personas con la salud psicológica alterada, puede lograr cambios beneficiosos en la conducta de las mismas, dotándolas de una mayor cuota de bienestar; además, les permite apreciar la necesidad de ampliar la extensión de sus acciones a personas que no tienen un fácil acceso al trabajo con un psicólogo profesional.

Esta obra, por consiguiente, está empeñada en difundir técnicas y procedimientos que puedan contribuir a una inducción hacia el autocontrol de la conducta, y con tal fin contiene ejemplos cotidianos, explicados de forma amigable, que cada lector puede aplicar a su propia realidad.

Subyace a estas acciones el concepto de libertad. Las personas son realmente más libres cuando se conocen más a sí mismas, saben más sobre su funcionamiento cerebral y sobre las razones o causas de su comportamiento. Esto significa que estas personas, con los conocimientos expuestos en esta obra, serán capaces de superar el empleo de los argumentos del pensamiento mágico a la hora de explicar un comportamiento que, en ocasiones, puede ser apreciado como irracional; y , por lo tanto, podrán rechazar, por ilusoria, la falsa sensación de control sobre su conducta y sobre el ambiente que esta forma de pensamiento les proporciona. Por el contrario, gracias al aprendizaje sobre el estudio de su funcionamiento emocional, podrán comprender, explicar y gobernar su medio ambiente social y su comportamiento con mayor racionalidad.

Sin embargo, el descuido de las políticas educacionales y la exclusión en las mismas de los avances de la ciencia de la conducta sobre la vida emocional, con las implicaciones que tales saberes pueden suponer sobre el aumento de la libertad individual, pueden resultar convenientes para los intereses de determinados círculos de poder del sistema social, porque las personas con mayor desconocimiento del peso de sus emociones en su conducta resultan más fácilmente manipulables desde una perspectiva política. Es decir, puede no resultar conveniente para el poder que la educación emocional enseñe a perder el miedo a la libertad mediante los conocimientos actuales de la ciencia de la conducta. (El *miedo* es una emoción tóxica que puede resultar paralizante, por lo que puede derivar en posturas conservadoras cuando predomina.) O, como explicación alternativa más benévola, por ignorancia o desconocimiento, se crea que la evolución y el simple paso del tiempo nos harán emocionalmente más libres y más capaces de actuar con racionalidad. En varios miles de años de evolución humana, este avance parece mínimo.

Por consiguiente, quizás uno de los dilemas a los que actualmente se enfrenta la educación (entre otros muchos) puede no ser gratuito. Por una parte, cada vez se reconoce socialmente y de forma más destacada el avance de las ciencias físicas (quizás porque puede generar riqueza a cualquier costo) mediante los progresos en el conocimiento de lo exterior, mientras que se desconoce por otra parte, en la misma o en mayor proporción, el avance de la ciencia de la conducta y sus aportaciones a la necesaria educación emocional. Así, la educación como sistema desaprovecha la ocasión para formar personas, y se dedica a transmitir solo conocimientos.

Los resultados están a la vista. No hace falta recurrir a estadísticas. Por ejemplo, sorprendentemente, en un mundo que se enorgullece de sus conocimientos y de las aplicaciones de la tecnología a la vida cotidiana (es decir, en un mundo altamente evolucionado en ciencia y tecnología con respecto a otras épocas en la historia de la humanidad), la violencia permanece y se manifiesta en toda ocasión y lugar. Esta contradicción entre el conocimiento científico y el conocimiento de nosotros mismos hace razonable la hipótesis de que la única razón, o la razón crucial para justificar la existencia del Estado no es el desarrollo de las sociedades, sino la necesidad de reprimir constantemente los impulsos emocionales socialmente negativos de las personas o los grupos contra otras personas o grupos. Hay que reconocer que la conducta violenta ha estado presente en el sistema nervioso central desde el comienzo de los tiempos, cuando estos impulsos resultaban útiles para la especie, pero también es un hecho que han permanecido casi intactos, sin que se intervenga directa y seriamente sobre ellos.

Por el contrario, con simpleza periodística, cuando se piensa en *innovación* automáticamente recibimos como imagen la idea de una nueva aplicación en un ordenador. Cuando se piensa en *avance científico* la imagen que aparece es la de unas personas enfundadas en batas blancas utilizando matraces y probetas en ambientes limpios de contaminación. Todo esto genera conocimientos necesarios y deseables, pero estos resultarán incompletos mientras no seamos capaces de conocer y explicar, con rigor experimental, el comportamiento de personas o grupos que, arrastrados por un *tsunami* emocional, cometen crímenes horrendos o, en forma más frecuente y menos espectacular, perpetran pequeños asesinatos cotidianos.

Esta obra señala con claridad que la sobrevaloración de los aspectos materiales del progreso humano nos ha llevado a descuidar gravemente la necesidad del progreso emocional. Que la verdadera innovación radica en encontrar nuevas formas de trabajo que nos permitan alcanzar nuevos equilibrios en la manera de pensar y sentir. Que los laboratorios de neurociencia y los de conducta y de psicología social no reciben la atención necesaria, y que la educación emocional es una innovación imprescindible para el progreso del comportamiento humano y la convivencia respetuosa. Que el mundo ha cambiado desde los homínidos a esta parte, pero que esos cambios se han reflejado más en las cosas que nos rodean que en la conducta de las personas.

Todo un desafío para los sistemas educacionales excesivamente preocupados por los rendimientos estudiantiles en la prueba PISA, que no se preguntan si acaso una mejor educación emocional en la escuela no reportaría no solo ciudadanos más libres y mejor integrados consigo mismos, sino además mejores resultados en dicha prueba como un subproducto positivo, generado por estudiantes con un equilibrio adecuado entre su comportamiento intelectual y su comportamiento emocional.

De momento, el autor propone al lector la aventura de un mejor conocimiento de sus propios recursos para gobernarse a sí mismo, proporcionándole ejemplos ilustrados con casos reales escogidos de entre su vasta experiencia como psicólogo clínico, unos casos que ciertamente pueden tener una resonancia emocional atractiva y útil en cada uno de nosotros. Gracias a este aporte, el lector podrá comenzar a gestionar con más habilidad su mundo emocional y a generar cambios para alcanzar una mayor calidad de vida gracias a su mejor ajuste entre emociones y razones.

Santiago de Chile, junio de 2014

RAZÓN Y EMOCIÓN

I

INTRODUCCIÓN

> Que la civilización pueda sobrevivir o no depende en verdad de nuestra manera de sentir. Es decir, depende de lo que queramos las personas.
>
> BERTRAND RUSSELL

Ante la eficacia de los tratamientos psicológicos del malestar del estado de ánimo y del dolor emocional es fácil sentirse atraído por la idea de divulgar los conocimientos que puedan ser útiles para prevenir el sufrimiento emocional de las personas. De ahí al otro extremo, es decir, a divulgar métodos para sentirse mejor, solo hay un paso. Y es que todos los seres humanos deseamos disfrutar de un mayor bienestar emocional. Sabemos que es posible mejorar nuestra manera de hacer, pensar y sentir. Fue el interés por hablar de estos temas en un contexto diferente al de las aulas de las facultades de psicología y de las consultas de los psicólogos clínicos lo que me movió a escribir mi anterior libro *Libertad emocional. Estrategias para educar las emociones* (Barcelona, Paidós, 2004). Creo que aún queda por divulgar mucha información que sigue encerrada en los ámbitos universitarios y clínicos, especialmente en lo que concierne al campo cognitivo Este interés divulgativo es la razón que me ha llevado a escribir el presente libro.

El beneficio individual inmediato ha dominado, constantemente, las acciones de los hombres y mujeres del planeta. Al mismo tiempo y por los siglos de los siglos se ha creído y se nos ha enseñado que los seres humanos somos los «animales racionales», se supone que en comparación con los demás seres del reino animal. Nada más lejos de la realidad. Puede que nos cueste aceptarlo, pero los seres humanos estamos tan dominados por las emociones como cualquier otra especie del reino animal. A lo largo de los siglos, con frecuencia hemos actuado bajo creencias e ideas erróneas, tal como iremos viendo a lo largo de los próximos capítulos. Heredamos una manera egoísta de ir por la vida y, a pesar de que nos ha permitido subsistir como especie, hoy en día ya no puede sostenerse como motor del andar humano. En un mundo de más de siete mil millones de personas ya no es sostenible la idea de «si lo quiero y puedo, lo he de tener», puesto que aunque podamos lograrlo individualmente ya no es soportable ni conveniente para el colectivo humano.

Necesitamos una nueva cultura, lejos de los parámetros primitivos bajo los que vivimos y convivimos en la actualidad. Y es necesario que este cambio se realice con urgencia y de forma generalizada en el mundo global del siglo XXI. Y necesitamos una sociedad en la que las diferentes personas, sin perder la individualidad, aprendamos y ejercitemos una forma más humana y menos primitiva de pensar, sentir y actuar. No podemos permitirnos seguir patrones y valores anticuados que solo nos conducen a la autodestrucción y a la extinción de los humanos como especie. Necesitamos utilizar la razón para una gestión más adecuada de nuestras emociones. Y también necesitamos liberarnos de muchos prejuicios y, de este modo, dejar de convertir la vida en un juicio permanente o de transformar la normalidad del ser humano en una medicalización creciente, en lugar de aprender a cambiar aquello que sabemos, podemos y debemos cambiar. No podemos seguir escondiendo la cabeza bajo el ala mientras la tormenta no nos afecte directamente. Una sociedad que se dice civilizada no se puede permitir un silencio cómplice que conduce indefectiblemente al sufrimiento y, en último término, a la decadencia. Hoy disponemos de conocimientos suficientes para revertir esta situación, herramientas útiles para cada uno de nosotros y para que tanto nosotros como nuestros hijos dejemos de ser esclavos de nuestras emociones más primarias.

No hace mucho que nos hemos percatado de la imperiosa necesidad de cambiar los antiguos patrones para ir por la vida y los valores primitivos del andar humano. Nos podemos educar y podemos enseñar a nuestros menores mediante patrones de conducta que, sin negar la individualidad de cada uno, tengan en cuenta la pertenencia a la colectividad y, por tanto, nos permitan tener presente lo que para la especie humana es sostenible y conveniente a la hora de preservar su amenazada supervivencia. Necesitamos utilizar nuevas estrategias que nos permitan tanto aprender, tengamos la edad que tengamos, como enseñar, tengan la edad que tengan. Por este motivo el lector encontrará en las páginas de este libro referencias indistintas para el aprendizaje y para la enseñanza, pues todos, a cualquier edad, necesitamos y podemos mejorar nuestra educación para la vida.

Este libro pretende contribuir a la divulgación de estrategias que nos conduzcan a estos fines no solo poniendo de relieve *lo que* debemos aprender y mejorar, sino sobre todo *cómo* hacerlo. Si para alguna persona estas líneas son de utilidad, seguro que el esfuerzo habrá valido la pena. Que así sea.

Quiero expresar mi agradecimiento a muchos compañeros y colegas de diferentes ámbitos profesionales con los que he discutido algunas de las ideas expuestas en este libro. De entre todos ellos quiero destacar mi agradecimiento a Anna Carpena, Luis López-Mena y Salvador Rodríguez por el tiempo que han dedicado a revisar el manuscrito y por su crítica inteligente que ha enriquecido algunos de sus capítulos.

2

DESDE LA PREHISTORIA

LOS TIEMPOS ESTÁN CAMBIANDO

> La libertad no es cara por escasa, sino escasa porque se ha de ganar.
>
> JOAN SALVAT-PAPASSEIT

Como dice el poeta, los tiempos están cambiando, aunque deberíamos reconocer que esto ocurre desde tiempos inmemoriales, más allá de donde alcanza nuestra memoria. La evolución de los seres vivos ha estado marcada por la necesidad de adaptación, pues la especie que no lo ha logrado ha sucumbido. Pero la evolución de todas las especies de seres vivos no necesariamente ha sido la misma. Siempre ha venido determinada por el entorno en el que se ha desarrollado cada especie, por la variabilidad de hábitats y por las necesidades de cada una de ellas.

Si nos centramos en la adaptación de los mamíferos vemos cómo distintas especies de animales predadores han evolucionado de forma diferente. Así, por ejemplo, los lobos adultos han tenido que enseñar a los lobeznos a cazar en grupo, pues de lo contrario habrían puesto en grave peligro su supervivencia como especie. En cambio, en su proceso evolutivo el guepardo ha tenido que aprender a cazar en solitario, a mejorar sus habilidades de carrera y salto, y a desarrollar mejoras en sus estrategias de caza. Incluso siendo de la misma especie, ciertos animales han ido desarrollando habilidades y competencias diversas en función de entornos diferentes, y no solo en las estrategias cinegéticas sino también en otros aspectos como la búsqueda del apareamiento. Es conocida la gran cantidad de especies que se han extinguido y que cada día que pasa siguen desapareciendo de la faz de la Tierra por falta de adaptación al medio cambiante. Sabemos que en muchos casos ese cambio lo provocamos los seres humanos con nuestra manera de vivir agresiva con el entorno que no permite a esas especies la evolución necesaria para adaptarse a esos cambios.

Obviamente, el ser humano también ha tenido que ir evolucionando para adaptarse a los cambios ya sean climáticos, geográficos o fruto de sus propias maneras de afrontar la vida. Los adultos han ido adiestrando a sus menores en esos aprendizajes. En los grupos sociales más primitivos se ha formado a los menores en la elaboración de herramientas para la práctica de la caza y de cómo manipular materiales para hacer lanzas, arcos y flechas. Es del todo evidente que con la aparición de las armas de fuego esos conocimientos dejaron de ser los más útiles para la supervivencia. A partir de ahí las habilidades para la caza han sido otras. Y hoy en día las competencias cinegéticas ya no son necesarias como antaño para la perduración de la especie.

Los cambios tecnológicos y económicos se desarrollan cada día a mayor velocidad. En los últimos años se han producido grandes transformaciones sociales y se siguen produciendo. Los intercambios culturales y de información se suceden de forma continuada en los cinco continentes. Sin ningún lugar a dudas los cambios en los últimos años han sido espectaculares. Con frecuencia se escucha a alguien decir aquello de «si mi abuelo levantara la cabeza, no entendería casi nada y seguro que se volvería allá de donde vino». Bromas aparte, todo lo que hoy está aconteciendo nos lleva a la imperiosa necesidad de evolucionar, de adaptarnos a estos vertiginosos cambios y a los que a buen seguro se seguirán produciendo y, posiblemente, a velocidad creciente.

A poco que observemos la evolución de los seres humanos y de sus aprendizajes adaptadores, que han sido y son muchos, una conclusión de las más evidentes es que en el aspecto emocional los cambios han sido mínimos. Nos hemos creído diferentes de las demás especies animales por nuestra capacidad para el lenguaje y, por añadidura, por nuestra capacidad para razonar y pensar. Tanto es así que a lo largo de los tiempos hemos relegado los sentimientos y emociones al grado de cuarta división. No nos hemos percatado, o lo hemos hecho casi sin advertirlo, de dos cuestiones básicas en la vida de todos los seres humanos. Primera: vivir es aprender a ser más feliz y, por tanto, a disponer de una mayor y mejor gestión de las emociones y sentimientos. Este y no otro es el objetivo de todos los seres humanos. Segunda: no estamos equilibrando los cambios que se han ido produciendo en todos los terrenos con los cambios imprescindibles en la gestión emocional. En este sentido, seguimos anclados en el pasado. Hay estudios que demuestran que hoy en día somos tan esclavos de nuestras emociones como hace mil años. Nos hallamos en la prehistoria emocional, tanto en lo que se refiere a la presencia y control de las emociones y sentimientos negativos como en lo que respecta a los positivos.

Este primitivismo y esta falta de evolución en la gestión de los sentimientos y las emociones ante las cambiantes circunstancias de la vida nos conducen indefectiblemente, como primera consecuencia, a un creciente padecimiento emocional, y en último término a sucumbir como especie. La necesidad de disponer de unas habilidades emocionales más adecuadas y de mejores competencias sociales es imperiosa. Ello nos lleva a la también imprescindible tarea de aprender, para poder enseñar a nuestros menores todo aquello que les tenga que ser de utilidad en este sentido. No hay otra opción, pues, que pasar de la educación primitiva que se ha mantenido por los siglos de los siglos a una educación humana que nos permita gestionar nuestras emociones y sentimientos de forma más adecuada para la consecución de nuestros objetivos. Es decir, para adquirir un mayor bienestar emocional y, por tanto, la disminución del sufrimiento anímico o, lo que es lo mismo, un mayor grado de felicidad, así como la supervivencia final de la especie humana.

LAS ZAPATILLAS ESTÁN EN EL COMEDOR

> Es mejor ser rey de tu silencio que esclavo de tus palabras.
>
> WILLIAM SHAKESPEARE

En casa de la familia Puig viven los padres, Mariona y Esteve, con sus dos hijos. Júlia tiene siete años y Sebastià quince. Hoy, Mariona ha llegado a casa después de su jornada habitual. Ha ido al trabajo, no sin antes haber dejado la casa recogida, a sabiendas de que hasta bien entrada la tarde no volvería al domicilio. De camino a casa, en su cotidiano trayecto en autobús, va repasando lo que aún le queda por hacer antes de poder descansar unos minutos. Cuando llega a casa y entra en el comedor observa con fastidio que está todo desordenado y fuera de sitio. ¡Con lo que se había esforzado en recoger y ahora vuelta a empezar! «¡No soporto este desorden, pero con estos hijos no hay nada que hacer! —pensaba, mientras su enfado iba subiendo de tono—. ¡Sebastià, quieres recoger tus zapatillas del comedor! ¡No hay derecho! ¡Cada día estamos igual! ¡Siempre te tengo que estar diciendo lo mismo! ¡Estoy harta de tu desorden!».

A Mariona la invade una sensación de desespero e impotencia. En el mejor de los casos es consciente de que «siempre estamos igual», pero no cae en la cuenta de que, si esto es así, su enfado y su mensaje son altamente ineficaces a la hora de lograr el objetivo de que su hijo adquiera unos hábitos de orden adecuados. Es más, no solo no le conduce a nada positivo, sino que los aspectos negativos son de gama amplia, tanto para ella como para el niño. En su caso, el grado de infelicidad que a diario sufre, la subida de tensión, la enorme sensación de no saber educar a sus hijos, con el consiguiente sentimiento de frustración, culpa e impotencia y, a menudo, soledad, son algunas de las consecuencias que la afectan día tras día.

Sin duda, la situación también afecta negativamente a Sebastià. Los reproches de su madre, a veces a gritos, no le sirven para recordar al día siguiente su obligación de colaborar en el orden comunitario. Esta escena cotidiana le lleva, en no pocos casos, a experimentar sentimientos de culpa, afecta su autoconcepto, rebaja su autoestima y lo aleja afectivamente de su madre, complicando la posterior comunicación con ella; y, en fin, quizás un día de estos se le ocurra echarle la culpa al perro, con tal de evitar una nueva bronca.

Esta escena, en casa de la familia Puig, sucede un día sí y otro también. En ciertas ocasiones, Mariona se siente algo aliviada cuando escucha de alguna amiga o vecina que lo mismo ocurre en sus casas, pues ya tiene compañera de viaje con quien compartir sentimientos. Así ha llegado a la conclusión que lo que sucede es cosa de niños o de la edad. Incluso, no siendo el caso de Mariona, hay madres que se consuelan con un pensamiento clave: «Cuando sea mayor y tenga pareja ya lo arreglará ella, o en todo caso ya se espabilarán». De lo que Mariona quizás no es consciente es de que situaciones como la suya se producen todos los días, en casi todos los hogares de su localidad donde viven menores de treinta años y, en algunos casos, incluso mayores. Es más, no sabe que en la Polinesia también ocurre lo mismo, ¡como en todo lugar donde haya zapatillas!

Y, sin embargo, cuando nos dirigimos hacia nuestra casa, aquí o en la Polinesia, deberíamos ir pensando «¿Dónde estarán las zapatillas cuando llegue a casa?». Pues, ¡en el comedor! ¡Dónde van a estar, si no, si hace dos mil años que están ahí! En fin, de eso, del pensar, hablaremos más adelante.

Los seres humanos tenemos tendencia a vivir sin tener excesiva conciencia de lo que hacemos. Lo que decidimos, lo que comunicamos o lo que pensamos está fuertemente influido y mediatizado por nuestras emociones. Con frecuencia hemos considerado aquello que sentimos como aspectos del ser humano que hay que esconder y negar, algo de lo que hay que avergonzarse. Y, de este modo, no hemos reparado o no hemos querido reconocer que nuestra vida es primordialmente emocional. El problema es que a menudo hemos estado y estamos dominados por nuestras emociones negativas, nuestros miedos, inseguridades, celos, envidias y demás. En aras de conseguir mayores cuotas de seguridad y menores miedos, los seres humanos hemos intentado poseer más y más sin pararnos a pensar si poseer más nos proporciona mayores cuotas de seguridad o si nos ayuda a sentirnos mejor. Hemos vivido y seguimos viviendo sometidos a la esclavitud de los sentimientos y las emociones, sin más. Así, hemos desarrollado una fuerte actitud egoísta.

LOS MOTORES DEL ANDAR HUMANO

> Vivimos en una época peligrosa. El ser humano ha aprendido a dominar la naturaleza mucho antes de haber aprendido a dominarse a sí mismo.
>
> ALBERT SCHWEITZER

El egoísmo ha sido el motor del andar humano. El egoísmo, consustancial a todos los seres humanos, ha sido el gran motor del quehacer de las personas. Esto puede haber sido válido, útil y necesario para la supervivencia en los albores de la especie, pero en la actual situación de la vida en nuestro planeta esta realidad se vuelve absolutamente en contra nuestra. No es lo mismo cien millones de personas persiguiendo el beneficio personal más inmediato, que más de siete mil millones de seres humanos tras el mismo objetivo. Y no es lo mismo «destruir a mano» que hacerlo con la tecnología de la que hoy disponemos, porque no hay duda de que la conducta egoísta nos lleva no solo a construir, sino también y cada vez más a destruir.

El egoísmo ha sido y es
el motor del andar humano.

Con demasiada frecuencia, vivir se convierte en una repetición de los mismos gestos. La rutina se repite una y otra vez a lo largo de las estaciones, de los años y, en ocasiones, de los siglos. Es indiscutible el cambio que los seres humanos hemos experimentado en nuestra forma de vivir. Hemos pasado de la vida en la tribu, pendientes básicamente de la supervivencia diaria, al actual sistema de vida, con una gran mayoría de los habitantes del planeta ubicados en enormes zonas urbanas. Los hombres y mujeres prehistóricos cultivaron la conducta de ataque, lo que les facilitó la caza y, gracias a ella, lograron la ansiada supervivencia. Desarrollaron una importante y aguda necesidad de dominio y posesión en aras de un mayor sentimiento de seguridad. Se fueron conformando las diferentes emociones encaminadas a la necesaria adaptación, puesto que aquellos seres que no evolucionaban, sucumbían. Así, los seres humanos, como otros seres vivos, adquirimos y mejoramos una importante emoción: el miedo. Emoción que nos ha permitido estar alerta y no ser cazados por los otros, tanto humanos como no humanos. El miedo ha guiado nuestras vidas por los siglos de los siglos, así como la envidia, los celos, la rabia y la ansiedad. Y así seguimos, pues en este sentido nuestra evolución ha sido mínima. Una vez más, observamos cómo permanecemos anclados en la prehistoria emocional.

Nuestras vidas, nuestros actos y nuestras decisiones están poco menos que igual de sometidas a las emociones que en su momento desarrollamos y perfeccionamos en función de las necesidades para la supervivencia, a pesar de que la vida que nos ha tocado vivir sea sustancialmente diferente. Así, seguimos comportándonos y educándonos bajo premisas primitivas, en muchos casos no diferentes a las formas y maneras de otros animales.

Podemos imaginar, hace unos cuantos miles de años, un poblado que se encuentra a un mes de distancia del poblado más cercano. Podemos imaginar a una madre recomendando prudencia a su hija con relación a su comportamiento: «¡Hija, ve con cuidado con lo que haces y hablas, no sea que vayas a dar pie a habladurías! ¡Piensa en lo que los demás van a decir de ti... que luego ya sabes lo que pasa!».

Evidentemente, lo que pasaba era que, para mantener la cohesión del grupo, ante la imperiosa necesidad de evitar el caos y el peligro de desintegración social de la tribu, se censuraba y castigaba toda divergencia de los postulados y valores grupales. Sucedía bastante a menudo que esta divergencia se pagara con el destierro e incluso con la vida del infractor. Este contexto duró y aún podemos encontrarlo vigente en ciertas latitudes. Durante siglos nos fuimos repitiendo, tanto en el acto de escuchar este y otros consejos de nuestros mayores como en el de transmitirlos a nuestros menores. Adquirimos e interiorizamos unos hábitos de vida y convivencia estables y bien establecidos, aunque, como en el caso de Mariona y las zapatillas del comedor, deberíamos plantearnos para qué sirve hoy seguir con esas actitudes.

Si conseguimos una moderación en el comportamiento de los hijos, evitando así las consecuencias negativas que se pudieran producir, convendremos todos en que la nuestra ha sido una intervención justa, necesaria, positiva y eficaz para conseguir el objetivo propuesto. Pero en nuestro entorno la respuesta del grupo no suele ir por los mismos derroteros que antaño. Pensemos un poco y analicemos a qué suele conducir esa prudente y hasta cariñosa advertencia a los hijos sobre los supuestos peligros sociales:

- No se evitan los riesgos que se suponen, puesto que la respuesta social, afortunadamente, ya no es la misma. Posiblemente habrá quien argumente que en comunidades pequeñas y aisladas aún se castigan los comportamientos divergentes, pero ni estamos tan aislados ni se encienden las hogueras.
- Se predispone al menor a pensamientos de miedo frente a los otros seres humanos y de desconfianza en sus propias posibilidades. A veces se evitan relaciones por miedo al qué dirán.
- Con frecuencia se fomenta un autoconcepto negativo y, de ahí, una baja autoestima.

Se enseña a dar excesiva importancia a la opinión que los otros tienen de uno, cediendo y sometiendo el valor propio y la autoestima a lo que digan o dejen de decir los demás. Y, lo que es peor, se aprende a pensar y a establecer creencias negativas acerca de lo que los otros piensan de uno. Ya no solo se trata de dar excesiva importancia a lo que digan, sino a lo que uno cree que los demás dirán de uno; algo francamente retorcido. Obviamente, en estas situaciones, por lo general uno no se centra en pensar que los demás lo están percibiendo positivamente. Así, realmente el valor de cada uno de nosotros nos lo da o nos lo quita el vecino, en lugar de centrarnos en que lo que valemos es lo que pensamos de nosotros mismos. La autovaloración de los aspectos positivos personales, junto a la práctica de la empatía, son de suma importancia para una adecuada evolución socioemocional. Aprender y enseñar autoaceptación, es decir, sentirse cómodo con lo que se es, se debe practicar en lugar de anclarnos en conductas, comentarios y consignas que están caducas y obsoletas en sus objetivos.

Es la percepción positiva de uno mismo
lo que debemos fomentar.

Una vez más se evidencia la necesidad de poner la razón y el conocimiento al servicio de una mejor gestión de las emociones. Hacer y repetir pensamientos, creencias y conductas sin plantearnos su idoneidad actual únicamente nos conduce a la esclavitud emocional. Hoy, si no queremos sucumbir, es imprescindible un nuevo paso en el andar humano. Necesitamos evolucionar hacia una nueva manera de vivir, puesto que la vida primitiva de sometimiento y esclavitud a las propias emociones no es sostenible. Como decíamos anteriormente, unos miles de egoísmos pueden hacer avanzar, mientras que más de siete mil millones *nos comemos* la Tierra.

ASÍ VAMOS

> La inteligencia es la habilidad de adaptarse a los cambios.
>
> STEPHEN HAWKING

De la misma manera que Mariona, todos o casi todos aquellos que tienen menores a su cargo repiten el mismo discurso todos los días sin beneficio alguno. No se percatan de la inutilidad del mismo, ni de los efectos negativos que conlleva esa acción repetida. Lo mismo ocurre en cientos de otras situaciones. Casi siempre actuamos de forma repetitiva, sentimos una y mil veces lo mismo, y comunicamos lo mismo y de la misma manera. Lo primero que hay que hacer es detenerse a analizar cuándo estamos bajo la prisión de las emociones y observar qué ocurre y qué pensamos o percibimos. Lo cierto es que regularmente nos sentimos mal ante los mismos motivos, una y mil veces. Con frecuencia nos domina la ira y nos enfadamos ante los mismos hechos. Nos sentimos tristes y abatidos ante los mismos pensamientos. Nos sentimos angustiados, tensos y ansiosos ante las mismas situaciones. Debemos, pues, tomar nota y prepararnos para pensar, sentir y actuar de otra manera más equilibrada, adecuada y racional.

En cualquier caso, en infinidad de ocasiones, como ya hemos visto, vivimos y convivimos bajo patrones establecidos en lejanos y, a veces, oscuros tiempos pasados. Veamos, pues, algunos de estos errores más frecuentes.

EL OBJETIVO VITAL DE TODOS LOS SERES HUMANOS

> Existe al menos un rincón del universo que con toda seguridad puedes mejorar, y eres tú mismo.
>
> ALDOUS HUXLEY

Todos los seres humanos intentamos procurarnos la alimentación necesaria, así como mantener una adecuada temperatura corporal y respirar continuadamente. Todo ello para seguir viviendo. De entrada, todos deseamos sobrevivir. Sin embargo, todos los seres humanos tenemos también como objetivo, no únicamente sobrevivir, sino vivir sintiéndonos bien a lo largo de la vida. Es decir, todos buscamos el bienestar emocional, nuestra felicidad, intentando sentirnos mejor y no sentirnos mal. Cuando hablamos de felicidad estamos haciendo referencia a los sentimientos y las emociones. Somos más felices cuando nos sentimos bien que cuando nos sentimos mal. Y cuando nos referimos a la felicidad a lo largo de la vida debemos diferenciar entre sentirse bien y estar bien. Ser feliz implica sentirse estable y razonablemente bien a lo largo de la vida. A pesar de que hay quien entiende que la vida va desde el nacimiento hasta la muerte, hemos de convenir en que nuestra existencia es aquí y ahora. Lo que hicimos, pensamos y sentimos ayer ya pasó. Eso es ya solo un recuerdo. Lo que haremos, pensaremos y sentiremos mañana tampoco está presente. Eso, ahora, es solo una ilusión. La vida de cada uno de nosotros transcurre hoy, cada uno de los días, cada uno de los «aquí y ahora», pues ahora estamos actuando, pensando y sintiendo.

Si usted mira su televisor y aumenta el volumen de voz, posiblemente vea cómo una raya más o menos ancha se alarga en la parte baja de la pantalla. Hay quien cree que la vida es igual: un todo. Sin embargo, en algunos televisores, al aumentar el volumen, aparecen en la pantalla sucesivas rayas finas que van aumentando en número. El conjunto de rayitas es el indicador del volumen, y así es la vida: el conjunto de momentos de la vida. Queremos sentirnos bien en cada instante de nuestras vidas y de forma lo más estable posible.

La vida es ahora.

Cierto es que podemos pasar toda nuestra vida sin ser conscientes de cuál es nuestro objetivo vital. Parece como si hoy estuviéramos vivos simplemente porque ayer no morimos. Y ayer vivimos porque anteayer no morimos. Sin embargo, en esa inconsciencia, también con gran frecuencia, partimos de creencias e ideas falsas. Por ejemplo, vivimos persiguiendo el beneficio más inmediato, convencidos de que hacer o tener inmediatamente lo que uno desea nos puede llevar a la felicidad. Esta idea nos convence de que ese es el camino que hay que seguir, sin reparar en que en esas situaciones los sentimientos y emociones placenteros son perecederos en poco tiempo. No tienen continuidad, lo que nos lleva a reinventar continuamente motivos temporales. No es lo mismo estar contento, incluso estar feliz, que sentirse mayoritariamente bien y de forma estable a lo largo de los días y de cada uno de los momentos presentes. En este último caso el sentimiento de satisfacción y bienestar es más permanente. La persecución del beneficio más inmediato no suele conducir al objetivo vital de los seres humanos.

Con extraordinaria frecuencia buscamos la felicidad en el exterior de nuestra piel. Esperamos que elementos, circunstancias o eventos nos proporcionen el bienestar emocional. La creencia de que hay situaciones o posesiones exteriores que nos harán felices nos conduce a una actitud errónea ante la vida. Y ya sabemos que hay creencias que se llegan a mantener toda una vida y que incluso afectan la vida de las siguientes generaciones. La famosa discusión de si el dinero da la felicidad, o si no la da pero la compra, es ya una asignatura superada. Cierto es que por debajo de un umbral mínimo no hay felicidad que valga, pero también es cierto que superados ciertos niveles de ingresos estos no inciden en el bienestar emocional de las personas. No hay nada externo a nosotros que nos *haga ser* felices, como tampoco hay nada que nos impida *aprender a ser* más felices.

Vivir es aprender a ser más feliz.
Ese, y no otro, es el objetivo vital de todos los seres humanos.

EL OBJETIVO Y LA FUNCIÓN DE LOS PADRES Y EDUCADORES

> Si cree usted que la educación es cara, pruebe con la ignorancia.
>
> DEREK CURTIS BOK

Muchos padres esperan que sus hijos sean estudiosos, buenas personas, cultos e instruidos. Es más, algunos adultos creen firmemente que en la vida lo más importante es tener formación y conocimientos sin más, en el convencimiento de que sin estudios no se llega a ninguna parte. Establecen un estrecho paralelismo entre estudios y felicidad. En cambio, es bien conocida la insignificante relación entre nivel de estudios y felicidad. Hay quien incluso establece relaciones entre felicidad y nivel académico, y valor y categoría de la persona, quizás por aquello de igualar bienestar económico y bienestar emocional. Sin duda alguna, estos pueden ser deseos bienintencionados. A pesar de ello, si lo pensamos un poco llegaremos todos o casi todos a la misma conclusión: debemos reconocer que lo que esperamos y deseamos para nuestros hijos es idéntico a lo que deseamos para nosotros mismos: que sean felices. Nos ayuda a sentirnos bien ver felices a los hijos y nos solemos sentir afectados negativamente cuando los vemos afligidos o poco felices.

Así pues, el objetivo como padres es la felicidad de los hijos. Por tanto, la función de los padres es enseñar a los menores a que aprendan a ser más felices, a sentirse bien con ellos mismos y con lo que les toca vivir. Pero antes de entrar en cómo lograr este objetivo, es importante tener claros algunos conceptos previos.

La función de los padres es enseñar a los hijos a ser más felices.

VIVIR Y EDUCAR CON MIEDO O SER ESCLAVOS EMOCIONALES

Nadie ama a una persona a la que teme.

ARISTÓTELES

Tal como analizaremos más adelante, solemos vivir y ejercer de padres estando sometidos a un buen número de emociones y, de forma muy especial, al miedo. Entre otros, miedo a equivocarnos y ser «culpables» de las imperfecciones, errores o limitaciones de los hijos. Cuando son pequeños, muchos padres y madres se vanaglorian de lo muy espabilados y adelantados que son sus hijos, arrogándose toda clase de méritos tanto educativos como genéticos. En ocasiones hay quien llega a colgarse medallas como buen educador. De la misma manera, cuando los hijos se muestran como lo que son, es decir, como seres humanos y, por tanto, altamente imperfectos, son muchos los padres que se sienten culpables de su comportamiento deficiente o erróneo. Educar bajo el miedo a la culpa es el mejor indicador de una educación desviada del objetivo vital.

Otro ejemplo que nos lleva a las antípodas del objetivo que perseguimos, personalmente y como educadores, se da cuando nos dominan otros miedos, como el temor a que el niño se enfade o se sienta frustrado, o aquellos temores que aparecen cuando confundimos la función educativa de ayudar a los hijos a que *estén felices* con la de que *aprendan* a *ser felices*. Estos errores nos conducen a actitudes cuyo principal objetivo es evitar contrariar al menor. «Si está feliz ya está bien, y mejor no le lleves la contraria», se suele decir. Lo que a menudo conduce a la incoherencia y a la propia desautorización. Es evidente que no tomamos nuestras decisiones educativas con la intención de que el menor llore o se disguste, pero tampoco este debe ser argumento alguno para cambiar de actitud. Por supuesto, no queremos que pase un mal rato, aunque si deseamos que aprenda a tolerar la contrariedad no debemos modificar el criterio. Ese sería el principio de un aprendizaje destinado a aumentar la tolerancia ante la frustración. Sin duda, el propósito no es llevarle la contraria «para que se vaya acostumbrando», puesto que también, en el momento adecuado, hay que enseñar a pensar ante este tipo de situaciones. También es cierto que en algún caso concreto pudiera ser más conveniente flexibilizar la actitud y adaptarse a la situación.

Hay un dicho que reza: «Quien bien te quiere te hará llorar». Suele emplearse para justificar alguna conducta de los mayores. Uno de los principales errores educativos consiste en creer que cuando intervenimos pedagógicamente lo hacemos convencidos de que las pautas, las actitudes y el trato que dispensamos están basados en principios de justicia, razón y conveniencia para el menor. La verdad es que nada más lejos de la realidad. No podemos dudar de la buena fe, aunque sí hemos de aceptar que el error es considerable. Todas nuestras decisiones están fuertemente influidas por nuestras propias emociones: compramos caramelos a los niños porque *nos hace ilusión* verlos contentos; *nos enfadamos* y reñimos (incluso *«rallamos»*) al adolescente cuando llega a casa con una nota de expulsión temporal de la escuela porque *nos da rabia* comprobar que no es el angelito que creíamos; intervenimos en las discusiones y peleas entre hermanos porque *nos da miedo* de que se hagan daño o *no podemos soportar* que una cosa así suceda ante nuestros ojos. Eso sí, siempre con la convicción que lo hacemos todo por el bien del menor.

Solemos educar en función de nuestras emociones y no de la conveniencia para el menor.

Vivimos, tratamos y educamos a nuestros hijos, nietos o alumnos inconscientemente sometidos a nuestras propias emociones, lo que con frecuencia nos conduce a una educación poco racional y a menudo inadecuada e inconveniente. Si nos paramos a pensar y analizar estas actitudes fácilmente llegaremos a la conclusión de que nos hallamos en la prehistoria educativa. Seguimos sometidos a emociones negativas como los celos, la envidia, la inseguridad, el resentimiento, la ansiedad y, muy principalmente, el miedo. Pero si seguimos analizando vemos que en muchas ocasiones se trata de un miedo genérico que nos hace sufrir por todo, un miedo a casi todo aquello que no está bajo nuestro control. Así, el miedo puede llevarnos a discutir con nuestros hijos a la hora de llegar a casa, en lugar de enseñar, por ejemplo, a prevenir los embarazos no deseados. No está demostrado que entre la población adolescente se produzcan más embarazos no deseados a unas horas que a otras, aunque sí lo está que los embarazos no deseados ocurren con mayor frecuencia en los casos en que no se toman medidas anticonceptivas que en los casos en que sí se actúa con medidas preventivas. Llegados a este punto, siempre cabe recordar aquello de:

Miedo evitado, miedo multiplicado;
miedo enfrentado, miedo superado.

Si seguimos analizando, la pregunta pertinente es la siguiente: ¿qué debemos temer con relación a los hijos? Parece lógico y coherente tener miedo:

- A que se dejen influir y actúen sin criterio propio.
- A que sufran un accidente.
- A que consuman sustancias tóxicas.
- A los embarazos no deseados.
- Al sida y demás contagios de transmisión sexual.
- A la delincuencia o a la violencia.

Así pues, los adultos debemos enseñar a los menores, ya desde la primera infancia, a ser prudentes en estas situaciones. Y enseñarles a actuar con prudencia no es traspasarles, sin más, nuestros miedos. La educación implica facilitar información y medios, y enseñar a actuar con prevención emocional. Se debe enseñar a actuar con prudencia y a no adoptar conductas de riesgo en ninguna de estas situaciones.

CONVERTIR LA VIDA EN UN JUICIO PERMANENTE

> El mejor medio para hacer buenos a los niños es hacerlos felices.
>
> OSCAR WILDE

Una lamentable costumbre de la cultura universal es la de convertir la vida y las relaciones humanas en un juicio permanente. Es un hábito de la mayoría de las personas, de largo recorrido y profundo calado en la convivencia cotidiana. Utilizamos una parte importante de nuestro tiempo en fiscalizar y juzgar a otros seres humanos. Y, casi al mismo tiempo, enseñamos a nuestros hijos, nietos y alumnos que deben preocuparse de lo que los demás puedan decir o pensar de ellos. Es el temor al juicio y el miedo a la condena de nuestros semejantes. Es cierto que a todos nos gusta agradar a los demás, pero esto nunca debe convertirse en miedo y temor ante el juicio ajeno.

Solemos fiscalizar la conducta de los otros, la sometemos a juicio y sentenciamos. En alguna ocasión la cosa no pasa de ahí, aunque la mayoría de las veces acabamos aplicando la sentencia. Con nuestros hijos o alumnos pasamos a premiar o castigar, según los casos, inclinándonos muchas veces por la segunda alternativa. Como si alguien nos hubiera puesto encima la toga de jueces; eso sí, sin reparar de dónde viene semejante costumbre y, menos aún, a dónde nos conduce.

Los lectores que ya tengan cierta edad quizás recordaran la anécdota. En los años sesenta del siglo pasado era frecuente leer, en las cartas al director de los diferentes diarios, quejas por el retraso en que a menudo incurría la única televisión del Estado a la hora de cerrar la emisión. Los lectores más jóvenes deben saber que por aquel entonces la emisión debía finalizar a las doce de la noche y no se reiniciaba hasta la mañana siguiente. Por una cuestión u otra, lo cierto es que pocas noches se cumplía el horario de cierre propuesto. «¿Cómo quieren que mejore la productividad de la gente cerrando la emisión a la una de la noche?», exclamaban algunas voces que presuponían que los seres humanos tenemos que ir a dormir cuando lo decida la televisión.

Esta anécdota, que seguramente hará sonreír a más de uno, muestra una forma de actuar que se utiliza todavía con frecuencia. Consiste en buscar errores y culpar y, a partir de ahí, reclamar prohibiciones y sanciones, en lugar de preparar para una mejor educación del autocontrol. Esto es absolutamente aplicable a muchas situaciones educativas. Parece que reclamar un retorno a los antiguos manuales de disciplina ya debería ser suficiente. Las medidas disciplinarias se suelen instaurar con ánimo sancionador y suelen ser excluyentes de una mejor formación emocional. Hay que reconocer que aún es más excluyente la vida basada en el juicio permanente y el consecuente miedo a la condena. El temor y el miedo, ante quien sea, no suelen ser un buen elemento educativo. Los juicios mejor sería dejarlos para los jueces.

FISCALIZAR, JUZGAR, SENTENCIAR Y SANCIONAR

> Si estás juzgando a los demás, no te queda tiempo para amarlos.
>
> MADRE TERESA DE CALCUTA

Como decíamos, es una costumbre y un hábito de nuestra cultura, y también de otras, convertir la vida en un juicio permanente. Siempre o casi siempre y en todo lugar fiscalizamos la vida de los otros. En el caso de los padres, si hace falta, se registran bolsillos, carteras y correos. Y no solo en el ámbito familiar. Después de fiscalizar la conducta de los hijos, a menudo se juzga si se han portado bien o mal. Con frecuencia, esas personas se adjudican el poder de premiar o castigar.

Si en un aula de niños de tres años a la maestra se le ocurriera preguntar, en un tono un poco serio: «¿Quién ha hecho esto...?», ¿cuántos niños contestarían: «Yo no he sido, yo no tengo la culpa...»? Habría que preguntarse qué clase de educación estamos ofreciendo si incluso los niños de tres años temen ya ser culpabilizados. No es nueva la costumbre de juzgar entre los seres humanos. Forma parte de las culturas de los pueblos desde los albores de la historia. Ocuparnos y, a menudo, preocuparnos de lo que hace, dice y piensa el otro nos roba una parte importante de nuestro tiempo. Existe y ha existido la primitiva costumbre de buscar culpas y culpables, de la misma manera que existe la costumbre de procurar no ser culpabilizado por los otros. Se ha convertido en una necesidad vivir juzgando, procurando no ser juzgado y culpando, pues en la medida que hay un culpable, uno ya no será culpado.

Así, desde siempre, ha existido y existe la tendencia, en

todos los rincones donde se da la presencia de seres humanos, de diferenciar lo bueno de lo malo. Todo o casi todo se polariza en estos términos. Incluso el comportamiento de los niños. Y como si esto en sí no fuera suficiente barbaridad, incluso se juzga y se divide en buenos y malos a los niños mismos. Se cataloga a los niños en aquellos que se portan bien y los que se portan mal, o lo que es todavía más grave, en niños buenos y niños malos.

Hay que recordar que los valores bueno/malo son términos utilizados en los juicios morales y, por tanto, no aplicables a los menores o a sus comportamientos. Una vez más, es de la máxima importancia recordar que los problemas humanos se generan en función de que somos personajes altamente imperfectos. Y esa imperfección se halla en lo que no sabemos, y no en lo que somos. Nuestros problemas y dificultades se originan en función de lo que ignoramos y no en si somos buenas o malas personas. Podemos aceptar que existan los códigos de justicia y la necesidad de que los tribunales de justicia apliquen la ley, pero es del todo inadecuado, cuando no incorrecto, judicializar toda la vida de los individuos y someterla a un juicio permanente por nuestra condición de seres humanos, es decir, de personajes siempre imperfectos. Así pues, no hay niños buenos ni niños malos. Ni tan siquiera niños que se portan bien y niños que se portan mal. Hay niños, todos, que necesitan aprender y, a menudo, que alguien les enseñe aquello que precisan para transitar lo mejor posible por la vida y acceder a un mayor bienestar físico y emocional.

Cuando asumimos el papel de educadores, es decir, de adultos ante los menores, es esencial actuar bajo la idea de que estamos ahí para enseñar al niño lo que no sabe y necesita aprender. No es un acierto, ni es conveniente presentarlo como un mérito personal, el hecho de que el niño haya empezado a andar a tal o cual edad. Tampoco es acertado pensar en términos de culpabilidad ante la imperfección, los errores y la ignorancia del hijo o del alumno. En ciertos casos en los que un menor no aprende algo importante para él en el tiempo pertinente, puede darse algún tipo de responsabilidad si el adulto-educador perjudica con su omisión al niño. Pero la imperfección de los seres humanos no debe verse desde la perspectiva de la culpa, puesto que el miedo a equivocarse se convierte en el peor consejero educativo. Es este otro gran error que nos dificulta enormemente la tarea educativa.

VIVIR Y CONVIVIR BAJO IDEAS, CREENCIAS Y ATRIBUCIONES ERRÓNEAS

> Muchas de las presuntas injusticias que vivimos están basadas en el significado que atribuimos a los eventos.
>
> AARON T. BECK

Entre las creencias que podemos tener las personas las hay racionalmente aceptables, es decir, que aceptan un mínimo de análisis racional. Sin embargo, hay otras creencias que no muestran el más mínimo atisbo de racionalidad, aunque no por ello dejamos de prestarles completo crédito y sólida conformidad. Algunos de los errores cognitivos más frecuentes los encontramos en la esfera de las creencias. Ciertas convicciones irracionales, profundas, enraizadas y no cuestionadas, a menudo nos conducen a actitudes equivocadas. La mayor parte de las discusiones y enfados en el hogar se producen por estar los padres sometidos a *ideas y creencias erróneas* que tienen su origen en nuestra cultura. Es decir, ideas y creencias que se mantienen vivas con ánimo de evitar desgracias o acontecimientos desagradables, sin que haya ninguna evidencia de peso que las sustente, pero que históricamente han sido consideradas señales de peligro. Es el caso de las discusiones y peleas entre hermanos o de la hora de regresar a casa. «El niño debe acabar haciendo aquello que se le ordena, aunque haya que repetírselo cuarenta veces, pues de lo contrario se pierde autoridad ante él», piensan algunos, cuando lo cierto es que la autoridad se pierde mucho más por repetirse.

Siguiendo con el tema educativo, atribuir intencionalidad negativa al comportamiento o actitud del hijo o alumno (una actitud que se da en todas las edades de la conducta humana) es otro de los errores que suele complicar el vivir y el convivir. En las consultas de los profesionales de la salud psicológica es habitual escuchar a los pacientes, cuando se refieren a sus hijos adolescentes, a sus padres, pareja o hermanos, quejarse de tal o cual comportamiento, atribuyendo mala fe a las intenciones del otro con comentarios del tipo: «Lo hace para fastidiar» o «lo ha hecho con toda la mala intención». Cuando se les pregunta si ellos hacen algo con intención de hacer daño a aquellos a los que quieren, siempre responden: «¡No, por supuesto!». Ellos no, por supuesto, aunque piensan que los demás sí se pueden comportar con mala fe. No diferencian la mala pata, el error o la poca habilidad en el hacer o decir de lo que es la mala fe, es decir, el hacer o decir con intención de infringir intencionadamente malestar o daño. Este es otro de los aspectos que nos complica el vivir y el convivir, y que se basa, una vez más, en el mal pensar. Habrá que aprender a pensar mejor, ¿no?

¿EDUCAR PARA EL ÉXITO O PREPARAR PARA EL FRACASO?

> Es una cosa bastante repugnante el éxito. Su falsa semejanza con el mérito engaña a los hombres.
>
> VÍCTOR HUGO

Entre las creencias, valores y actitudes bajo los que vivimos y educamos cabe destacar el error corriente de convertir la vida en una carrera hacia el éxito. Bajo una bipolarización simple de éxito-fracaso se acostumbra a resumir las actuaciones de las personas, con lo que se consigue que sean muy frecuentes, en los seres humanos de nuestro entorno, los sentimientos invalidantes de fracaso. Vivir con la sensación de ser una persona fracasada, alguien que no ha respondido en todo o en parte a lo que se esperaba de uno, produce un gran dolor emocional y a menudo deriva en sentimientos de inseguridad, insatisfacción y, también, de inferioridad.

Debemos vivir con el objetivo de ser felices, no de tener éxito. No es un buen camino valorar nuestra vida en función del éxito, ya sea profesional, económico o simplemente de prestigio social y, en caso de no alcanzarlo, considerar nuestra vida o un aspecto parcial de la misma como un fracaso. Vivir bajo estas coordenadas de éxito-fracaso nos suele conducir a considerar el error como un motivo de culpa. Veamos: el error no es un fracaso, solo nos demuestra que somos seres humanos; somos las personas las que nos equivocamos. Un error es la oportunidad que tenemos de aprender y no debe ser considerado ni un fracaso, ni motivo para sentir culpa alguna.

Nuestros errores nos demuestran que somos humanos,
no fracasados ni culpables.

LAS ODIOSAS COMPARACIONES

> No trates de ser una persona de éxito, sino una persona de valor.
>
> ALBERT EINSTEIN

Siempre, por supuesto, con la mejor de las motivaciones, es decir, con la intención de medir nuestra valía, con harta frecuencia recurrimos al nefasto vicio de compararnos los unos con los otros. Buscamos un referente para atribuirnos más o menos valor en función de lo que pensamos que los otros son, hacen o piensan. En esa comparación suelen darse dos posibilidades. La primera, que veamos a los demás como superiores a nosotros, lo que lejos de suponer un motivo de mejora o superación suele conducirnos a sentimientos de insatisfacción personal, culpa e inferioridad, en incluso provocar celos y envidia. La segunda posibilidad consiste en que nos veamos mejores que los otros, lo cual puede conducirnos a sentirnos superiores y a experimentar sentimientos de falsa seguridad y perversa satisfacción, puesto que ni somos superiores ni puede ser auténtica la satisfacción de sentirnos superiores a aquellos que consideramos inferiores. ¡Cuántas y cuántas veces los adultos hemos utilizado la comparación a la hora de intentar motivar a los menores, con el único resultado de disminuir su autoestima!

La comparación con otros seres humanos nos lleva al racismo, al machismo y al narcisismo, aunque también a los sentimientos individuales o colectivos de inferioridad e incapacidad. Se debería aceptar que no hay dos seres humanos iguales, de la misma manera que la diferencia entre nosotros no nos hace superiores ni inferiores. Cada uno de nosotros somos individuos únicos, diferentes, singulares y no comparables.

UTILIZAR SISTEMAS, MÉTODOS Y ACTITUDES DE BAJA UTILIDAD DEMOSTRADA

> La educación es el arma más poderosa que puedes usar para cambiar al mundo.
>
> NELSON MANDELA

Puesto que nuestro objetivo consiste en enseñar a nuestros hijos a ser más felices, es importante saber cómo aprendemos los seres humanos. Es sabido que tanto el «aprendizaje por imitación» como el «aprendizaje mediante el discurso» tienen una eficacia limitada. Y, sin embargo, de forma muy significativa, este último es en nuestra cultura el más utilizado. Si un sistema o un método se muestran ineficaces habrá que pensar en alguna alternativa y no enquistarse en la inutilidad manifiesta. Un ejemplo claro es el de la familia Puig y «las zapatillas en el comedor».

Un lunes Luisa entró en mi consulta mostrando un evidente malestar. Al ver su cara marcada por la preocupación le pregunté si se encontraba bien. Esta fue nuestra conversación:

—Me siento fatal. Ya no sé qué hacer. Ayer mi marido y yo volvimos a discutir. Estoy cansada de tener cada domingo la misma discusión.

—¿Qué quieres decir con eso de que cada domingo acabáis discutiendo? —pregunté con curiosidad después de tal comentario.

—Pues, eso. Hace veinte años que todos los domingos pasa lo mismo.

La verdad es que me costaba dar crédito a lo que estaba oyendo.

—¿Me puedes explicar qué os pasa para estar discutiendo cada domingo desde hace veinte años?

—Pues ya ves, Albert tiene la manía de salir a correr todos los domingos.

—Sana manía —intervine yo, pues así me lo pareció.

—Sí, pero yo me he de quedar haciendo las cosas de la casa y, cuando ya lo tengo todo recogido y limpio, viene él, que tiene la manía de ducharse, y me lo deja todo hecho un asco.

—Sana manía eso de ducharse y más viniendo de correr —insistí.

—Sí, pero es que luego me deja la toalla y la ropa deportiva por el suelo para que yo se lo recoja, y eso me pone enferma. ¡¿Qué se cree, que soy su criada o qué?!

Viendo hacia donde iba a derivar la cuestión, me adelanté y tercié:

—¿Me permites que sea yo quien acabe de describir el resto de la escena? Al observar, un día más, la toalla y la ropa en el suelo, piensas que no tiene ninguna consideración contigo y te sientes resentida. Te diriges a él y le sueltas un «te debes creer que soy tu criada, pues estás muy equivocado, y bla, bla, bla...». Total, que le pegas la bronca de padre y muy señor mío. Él ni pestañea. Me imagino el último acto. Tú, absolutamente indignada por su actitud desconsiderada, machista y despótica, recoges la ropa y la toalla del suelo al tiempo que afirmas con toda tu convicción: «Es el último día que lo recojo. ¡Estoy hasta el gorro de tener cada domingo la misma historia!». A partir de ahí ya no os dirigís la palabra en todo el resto del día. ¿Me equivoco mucho?

Luisa me confirmó que no me alejaba de la realidad.

—Veamos, en primer lugar, después de veinte años discutiendo ante esta escena, ¿no has llegado a la conclusión de que esa manera de actuar no te ha servido para nada bueno? En segundo lugar, me parece que tú ya no estás bien cuando Albert sale de casa...

Ella me interrumpió:

—¡Es que a mí también me gustaría salir a correr!

—Pues ve a correr —tercié yo.

—Sí, claro, ¿y quién me hará el trabajo de casa?

—Mira, tú decides. O te vas y te vas contenta, o te quedas y te quedas contenta. ¿De acuerdo? ¿Qué prefieres?

A lo que ella respondió que quedarse en casa, pues no tenía otro momento mejor para hacer ese trabajo.

—¿De verdad crees que le encanta ver cómo te agachas para recoger la ropa, cómo te rebajas y te sometes a su señoría? ¿No será que no ha adquirido el hábito de recoger sus cosas puesto que los primeros veinticinco años de su vida se las recogía su madre y los siguientes veinte lo has hecho tú? A lo que parece que sí se ha acostumbrado es a tus enfados dominicales. ¿Verdad que puedes prever qué pasará cuando él llegue de la calle? Así, cuando ocurra lo que siempre sucede, *tú te lo puedas tomar con tranquilidad. Mientras está fuera de casa ve pensando lo que ocurrirá*, y recuerda que tu objetivo es que adquiera ese hábito. Cuando observes su comportamiento habitual te acercas a él y mientras le pones entre sus manos la ropa sudada, le dices: «¿Me podrías hacer el favor de llevarlo al cesto de la ropa sucia? Me harás un gran favor y me ayudarás a sentirme mejor». —Y proseguí—: Incluso puedes acompañarlo hasta el cesto de la ropa para indicarle dónde puede dejar la toalla y la ropa deportiva. En cuanto lo haga, le das las gracias y lo acompañas con un beso. Además, piensa que no habrá que esperar veinte años hasta conseguir que adquiera el hábito; piensa que quizás en seis meses ya lo consigas.

Pasado un mes, Luisa me informó de que desde que había actuado como convinimos, *con una sola vez había sido suficiente para lograr el cambio*. En cuanto Albert centró su atención en los sentimientos de ella, en lugar de oír los reproches habituales, cambió su conducta. Lo primero fue no atribuir mala fe en la conducta de Albert y lo segundo reclamar de forma más respetuosa y considerada empatía hacia sus sentimientos. ¡Después de veinte años, con una sola vez había sido suficiente! Como muy acertadamente decía Albert Einstein: «Si buscas resultados diferentes, no hagas siempre lo mismo».

Y MUCHO MÁS

Todos los seres humanos necesitamos AVERA, es decir, necesitamos sentirnos:

- A de aceptados
- V de valorados
- E de estimados
- R de respetados y
- A de ayudados

Lo que no necesitamos es sentirnos acusados, culpabilizados, cuestionados, reñidos, reprochados, amenazados y gritados. Observe el lector cuál de las dos actitudes es la habitual en su caso. Esto puede facilitarle el cambio.

Todos los seres humanos necesitamos sentir respeto y consideración ante nuestras decisiones, nuestra diversidad y nuestra intimidad.

En fin, como puede verse, ciertas actitudes habituales nos complican la vida y debemos aprender a corregirlas, pero no sin antes analizar cuál o cuáles de nuestros hábitos son perniciosos o, en el mejor de los casos, inútiles. Un último aspecto en este tema es la frecuente tendencia de un buen número de personas a actuar con desconfianza y deshonestidad, incluso con las personas más allegadas. Esto suele ocurrir cuando nos encontramos sometidos a nuestros miedos, celos, envidias, resentimientos o inseguridades. Si tenemos en cuenta que todo lo que sentimos viene de lo que pasa por nuestra cabeza, convendremos en que lo que nos hace falta es aprender a pensar mejor. En el capítulo 4 abordaremos este tema.

MALAS LENGUAS

> Es mejor estar callado y parecer tonto que abrir la boca y despejar dudas.
>
> GROUCHO MARX

Del ejemplo de las zapatillas en el comedor podemos sacar alguna enseñanza más. Es evidente que Mariona debería plantearse abordar la cuestión de otra manera, es decir, aprender a pensar y a hablar de otra manera, y, por tanto:

- Observar la inutilidad de su actitud.
- Prever el pensamiento que acudirá a su mente ante la próxima visión de las zapatillas fuera de lugar.
- Tener preparado el pensamiento alternativo.
- Preparar una frase que presumiblemente pueda ser más eficaz que la utilizada hasta ahora, como, por ejemplo: «Sebastià, con las zapatillas aquí no me siento bien y no me gusta vivir así. ¿Me puedes ayudar a sentirme mejor y dejar las zapatillas en tu habitación? Te lo agradeceré mucho».

Necesitamos aprender a pensar y a pensar bien para sentirnos bien, pero también a hablar y hablar bien para comunicarnos de forma más eficaz y menos emocionalmente dañina, con el fin de mejorar nuestras relaciones y nuestra convivencia. Como puede observarse, los errores son muchos, son frecuentes, son importantes y pueden ocasionar consecuencias considerables. Pero, aún hay más. Más cosas que evitar y modificar en aras de una actuación menos primitiva y más humana.

A MODO DE RESUMEN

En este capítulo hemos visto parte de los motivos que nos conducen a considerar imprescindible la necesidad de llevar a cabo un cambio profundo en cada uno de nosotros, así como en la educación que ofrecemos a nuestros menores. Hemos visto a qué y a dónde nos lleva el actual andar humano en el que la gestión racional de nuestras emociones brilla por su poca presencia. El egoísmo de las personas ha tenido y tiene una importante relevancia en la adaptación y progreso de los seres humanos, pero en la actualidad debe de tener un control limitador en función de la conveniencia colectiva. No todo es válido. También hemos subrayado el objetivo vital de los seres humanos y hemos puesto sobre la mesa el objetivo y la función educadora de los adultos con relación a nuestros menores. Se han analizado distintos errores que forman parte de nuestra cultura y nuestro quehacer educativo, errores que debemos corregir y erradicar si queremos mejorar en el camino hacia nuestro bienestar y nuestra libertad emocional, así como en los de nuestros hijos.

3

LA APUESTA POR UNA EDUCACIÓN MÁS HUMANA

SOBRE LA FELICIDAD

> Felicidad no es hacer lo que uno quiere sino querer lo que uno hace.
>
> JEAN-PAUL SARTRE

Como decíamos en el capítulo anterior: *vivir es aprender a ser más feliz*. Este, y no otro, es el objetivo vital de todos los seres humanos. Ya Aristóteles consideraba que toda acción humana tiene como fin la consecución de la felicidad, entendiendo como tal el deseo de conseguir un grado de bienestar emocional más alto de forma estable a lo largo de nuestra vida. Hay que distinguir, pues, entre la felicidad *momentánea* y la felicidad *duradera*, el estar y el ser. Sin duda, no es lo mismo *estar* felices que *ser* felices, y el camino para alcanzar estos objetivos no suele ser el mismo. Para ser feliz o ser más feliz hay que dirigir los pasos hacia el objetivo de aprender a sentirnos bien con nosotros mismos y con lo que nos toca vivir, y practicar este ejercicio a fin de interiorizarlo. Con frecuencia se confunde esto con estar más contento o feliz, que consiste en buscar ese bienestar momentáneo en nuestro exterior.

Somos más felices cuando nos sentimos bien y con cierta estabilidad. Nos hallamos en el terreno de los sentimientos y las emociones, y ahí es donde podemos y debemos aprender y practicar, de forma que logremos acceder a nuestro objetivo vital. Decía Confucio que *solo puede ser feliz siempre el que sepa ser feliz con todo*. La felicidad no se encuentra en el exterior de las personas. No es algo que dependa de lo que tenemos o poseemos. Depende de la actitud, pues no es una meta que haya que alcanzar, sino una manera de ir por la vida.

La búsqueda de la felicidad tiene una prioridad muy elevada en las actividades y en los pensamientos humanos, y se puede decir que es el eje y centro de nuestras vidas. Por eso resulta sorprendente que, siendo tan importante, se le haya atribuido tan poca importancia. A lo largo de la historia se ha considerado que los sentimientos son cosa de segunda fila, algo que hay que esconder o de lo que hay que avergonzarse. Pero hoy la ciencia está aprendiendo a rectificar y de unos años a esta parte se le está concediendo a la felicidad parte de la relevancia que le corresponde. Algunos antropólogos han afirmado que sobre el planeta Tierra hemos vivido cerca de veintiún mil millones de seres humanos. Vamos a dar la cifra por buena, pues no vendrá de unos miles de millones de personas. Por cierto, un tercio de esta cifra estamos vivos. Pues bien, mientras vivimos, todos tenemos la felicidad por objetivo de nuestras vidas: la búsqueda de sentimientos y emociones positivas y la disminución del malestar emocional.

Muy recientemente, la psicóloga norteamericana Karen Pine efectuó una encuesta con cinco mil personas. Entre los resultados más relevantes del estudio se puso en evidencia la fuerte relación entre la autoaceptación y la felicidad, a pesar de que el hábito de pensar en términos de aceptación de uno mismo es el que se practica con menor frecuencia (5,56, según la escala citada más abajo). Para su estudio, Pine identificó diez hábitos cotidianos que la ciencia ha demostrado que pueden contribuir a que la gente se sienta más feliz.

Estos son los diez hábitos, con las calificaciones promedio de los encuestados en una escala de 1 a 10, en cuanto a la frecuencia con que realizan cada hábito:

1. Dar: hacer cosas por los demás: 7,41.
2. Relacionar: conectar con la gente: 7,36.
3. Ejercicio: cuidar de su cuerpo: 5,88.
4. Apreciar: observar el mundo a su alrededor: 6,57.
5. Probar: seguir aprendiendo cosas nuevas: 6,26.
6. Dirección: tener objetivos que esperamos con interés: 6,08.
7. Resiliencia: encontrar maneras de recuperarse: 6,33.
8. Emoción: adoptar una actitud positiva: 6,74.
9. Autoaceptación: estar cómodo con lo que eres: 5,56.
10. Significado: ser parte de algo más grande: 6,38.

Así pues, a pesar de su baja frecuencia, la encuesta mostró que una de las mayores correlaciones entre estos hábitos felices y la felicidad reportada fue para la autoaceptación. Este hecho nos lleva a pensar que posiblemente una mayor práctica de pensamientos de autoaceptación nos conducirá a mayores sentimientos de satisfacción personal.

LA MEJORA PERSONAL

> Si quieres cambiar al mundo, cámbiate a ti mismo.
>
> MAHATMA GANDHI

Desde no hace mucho tiempo sabemos de forma inequívoca que las personas cambiamos en función de cómo vivimos, o lo que es lo mismo, de lo que hacemos, pensamos y sentimos. Nuestro cerebro se modifica cada día, en cada instante, en función de ello. Sin duda podemos aprender a actuar, pensar y sentir de manera que, con cierta práctica, logremos mejorar la gestión de nuestras emociones y avanzar hacia el bienestar emocional. Dicho de otra manera, podemos aprender a ser más felices.

Enseñar no es aprender, pero para poder enseñar es necesario aprender. Antes de ponernos a enseñar a los menores es importante tener en cuenta una serie de aspectos que analizaremos más adelante. El primer obstáculo para hacer este trabajo son nuestras propias emociones. Tener claras unas pautas previas de actuación nos facilita la tarea educativa y nos permite ayudar al menor a disponer de un mejor estado de ánimo y de un nivel más alto de bienestar emocional.

La mejora del bienestar emocional debe ser el primer objetivo de padres y educadores. Inicialmente, es el aspecto al que hay que dedicar la atención y en el que hay que centrar el esfuerzo. Es importante tener en cuenta la mentalidad con la que nos enfrentamos cada día a la tarea educativa. Hay personas que consideran que tener que trabajar es un castigo o una desgracia que se debe soportar. Se enfrentan a la tarea de educar con una mentalidad negativa que no solo les impide disponer de sentimientos de satisfacción, sino que incluso les afecta negativamente un día sí y otro también. Resulta obvio que no es lo mismo pensar de esta manera que tener claro que el esfuerzo empleado en educar es la oportunidad que tenemos cada día de poder sentirnos mejor. Es evidente que afrontar la tarea de enseñar a los hijos con mentalidad positiva nos ayuda a generar sentimientos de satisfacción personal. Por el contrario, hay padres y madres que parten de ciertos sentimientos de culpa por no conseguir que los hijos se comporten como a ellos les gustaría, y ante esta evidencia suelen comportarse sometidos a sentimientos de rabia, impotencia o resentimiento.

El segundo punto importante en el trabajo personal que debemos realizar consiste en observar los sentimientos y emociones positivas que podemos generar a través del esfuerzo. Sin lugar a dudas, el trabajo dedicado a la promoción y mejora de otros seres humanos es el más gratificante, pero siempre debe haber una preparación personal adecuada. El bienestar emocional perfecto no es una meta por alcanzar, del mismo modo que tampoco lo es la felicidad. Es una actitud y un ideal que perseguir.

RECTIFICANDO UN ERROR

> La forma más básica de estupidez humana es olvidarse de lo que estamos intentando conseguir.
>
> FRIEDRICH NIETZSCHE

Al igual que muchos aspectos de nuestra vida que provienen de los oscuros y largos años prehistóricos, también la idea de la inmovilidad de nuestro cerebro dio paso a la convicción de que las personas no pueden cambiar. Es decir, se aceptaba el principio de que todo estaba decidido y determinado genéticamente. Se decía que uno es como nace y poco puede hacer para cambiar. Pero, hete aquí que la tecnología nos ha proporcionado la posibilidad de investigar el cerebro humano sin tener que tocarlo. Empezamos a saber qué ocurre en cada uno de sus rincones y en cada décima de segundo. Una de las primeras investigaciones realizadas mediante técnicas de neuroimagen se llevó a cabo comparando el cerebro de hombres y mujeres, y se comprobó que entre ambos había diferencias significativas. Los centros donde se ubican las emociones están más desarrollados en las mujeres, mientras que los centros responsables de la conducta lo están más en los hombres. En la comunidad de sabios esto creó una división. Algunos justificaron estas diferencias en función del determinismo genético: por eso las mujeres se dedican a cuidar de los hijos, a ejercer de maestras o enfermeras, y los hombres a cazar, hacer la guerra o descargar camiones. Otros, en cambio, opinaron que quizás las diferencias se debían al uso que se hacía del cerebro. Pues bien, hoy disponemos de suficientes evidencias científicas para afirmar que nuestro cerebro, mediante la experiencia y la práctica, se va modificando y esculpiendo día a día, segundo a segundo. Somos lo que practicamos, ya sea actuando, pensando o sintiendo, y podemos aprender y practicar mejor y, también, aprender a enseñar mejor.

Somos lo que practicamos:
lo que hacemos, pensamos y sentimos.

SOBRE LAS EMOCIONES

> Cada cual tiene la edad de sus emociones.
>
> ANATOLE FRANCE

Desde que la psicología, como ciencia del comportamiento humano, empezó a ocuparse de los procesos emocionales, a finales de los años ochenta del pasado siglo, y sobre todo desde la aparición del libro de Daniel Goleman *Inteligencia emocional*, se ha ido generalizando el interés por estos temas. Conviene señalar este hecho, puesto que no siempre los nuevos hallazgos o enfoques de la ciencia merecen el interés generalizado de la sociedad. Parece como si por arte de magia se haya despertado la conciencia colectiva y de repente los seres humanos hayamos descubierto que tenemos emociones. Ha llegado el momento de la exaltación de las emociones. Se contrapone el concepto de que «lo importante es sentir» a la antigua idea de que «lo importante es la razón».

Sin embargo, a menudo sucede que en el mismo momento en que se divulgan ciertos conceptos, ideas o simplemente campos de interés científico, estos se desvirtúan y pervierten. Así, vemos el uso social en que han derivado conceptos clínicos como «histeria», «paranoia» o «psicosis», que se han convertido en sinónimos de «ponerse nervioso o de los nervios», «pensamiento obsesivo» o «entrar en pánico». No obstante, no es este el único campo en que esto ocurre, pues se da con frecuencia en todos los campos de la divulgación científica. Y no digamos qué ocurre en cuanto estos conceptos entran en áreas de interés económico.

Lo que ha sucedido con el tema de las emociones no podía ser diferente. Del interés por aprender a sentirnos mejor se ha pasado a la idea de que lo importante es *la emoción y emocionarse*, sin más. «¡Emociónate!», dicen unos, compra esto o aquello... «Emoción», «¡haz esto o aquello y verás qué emocionante!». A cierta edad, descubrir que tenemos emociones y que deben ocupar el lugar privilegiado, como norte y motivo de nuestro día a día es, cuanto menos, una ironía más de la vida. Los humanos siempre hemos tenido emociones, pues son consustanciales a nosotros. Más aún, todo nuestro ser es emocional y nuestro objetivo vital es emocional: sentirnos bien a lo largo de la vida. Nada que no pase por la emoción nos sirve en nuestro aprendizaje.

Las emociones suelen clasificarse en positivas y negativas. Ambas se dan en los seres humanos y ambas tienen una función adaptativa. Se suelen clasificar así en función de si producen sensación de bienestar o de malestar. Ha sido habitual prestar mayor atención a las emociones negativas porque afectan directamente al grado de bienestar y, por tanto, se espera que cuanto menos influyan, mejor. Se ha enfocado el tema desde la patología y se han priorizado el interés y la investigación en ciertas emociones negativas. En todo caso, conviene recordar que no todas las emociones de las llamadas negativas han tenido el mismo protagonismo. Los celos y la envidia han servido para escribir grandes capítulos de la literatura mundial. De la ansiedad, la angustia y la tristeza profunda se han ocupado principalmente las ciencias de la salud, que han dado pie a un sinfín de diagnósticos clínicos. Aunque emociones como la cólera, la rabia o la ira solo en los últimos años han sido objeto del interés de los científicos. Sin querer caer en un exceso de simplismo, podemos afirmar que del miedo y los sentimientos de inseguridad se ha ocupado más el cine que la ciencia. Y eso a pesar de que el miedo es y ha sido, dejando aparte su gran función adaptativa, la emoción más paralizante, dolorosa y frecuente entre los seres humanos. En todo caso, cabe resaltar el hecho de que el interés y las investigaciones llevadas a cabo con las emociones positivas han sido infinitamente menores. Y, sin embargo, la presencia de emociones positivas es de suma importancia y un objetivo prioritario por fomentar.

En los inicios de la psicología moderna las investigaciones se centraban de forma preponderante en la conducta, por aquello de que se podía observar y cuantificar. El concepto de conducta incompatible hace referencia al hecho de que mientras un individuo está realizando una tarea concreta no puede realizar algunas otras, pues son imposibles de compaginar. Así, mientras caminamos podemos hablar al mismo tiempo, pero no podemos estar estirados en el sofá. Con las emociones positivas ha ocurrido otro tanto, aunque hemos tardado en darnos cuenta de su importancia. La medicina ha liderado el interés científico y sigue considerando más interesante conocer lo que nos enferma que lo que nos protege y nos aporta salud. Por poner un ejemplo, en Estados Unidos las publicaciones científicas en la primera mitad de 2013 sobre el estrés y la felicidad han aparecido en una proporción de 5 a 1. A lo largo de la historia la preocupación por curar la enfermedad no ha venido acompañada de un interés paralelo por los factores de protección. Se ha considerado que si las emociones positivas ya nos vienen dadas, no merecen ser motivo de atención. Ahora parece que vemos algo más claro que, si nos sentimos bien, no únicamente «nos sentimos bien», algo ya de por sí muy importante, sino que además no nos sentimos mal. Como decíamos, así de simple y así de importante.

> Cambiar nuestra manera de vivir y de percibir el mundo es cambiar nuestra biología.

ACTIVIDAD, PENSAMIENTO, ESTADO DE ÁNIMO Y SALUD FÍSICA

> Si la mente está tranquila y ocupada con pensamientos positivos, es más difícil que el cuerpo enferme.
>
> DALÁI LAMA

Cada día que pasa existen mayores evidencias de la relación existente entre lo que hacemos o no hacemos, lo que pensamos o no pensamos y lo que sentimos y nuestra salud física. Desde tiempo inmemorial se sabe que por regla general el dolor y el malestar propician pensamientos y sentimientos negativos. La presencia de un malestar físico persistente, así como el dolor soportado durante cierto tiempo, suelen conducirnos a producir pensamientos negativos y, por tanto, sentimientos y emociones negativos.

En la actualidad empiezan a proliferar los estudios científicos que respaldan y ponen en evidencia la relación inversa. Una adecuada actividad física regular y una actividad mental positiva mantenida a lo largo del tiempo propician un buen estado emocional y una menor afectación por enfermedades físicas y psicológicas. Así, se ha observado que el optimismo reduce el riesgo de sufrir enfermedades coronarias. También se ha demostrado que el buen estado de ánimo, los sentimientos y emociones positivas y la satisfacción vital son indicadores de un menor riesgo de mortalidad por cualquier causa. Así mismo, las personas que obtienen mejores puntuaciones en satisfacción vital y estado de ánimo positivo viven más, independientemente de la edad, el sexo, la educación o el estado civil, teniendo ese ánimo un importante efecto en las personas mayores. Por otra parte, también se ha comprobado que los síntomas depresivos se asocian a un mayor riesgo de mortalidad y que las personas con mejor estado de ánimo se recuperan más rápidamente de fracturas óseas.

Las enfermedades psicosomáticas atacan principalmente el aparato digestivo, la piel y el sistema cardiovascular. Obedecen a emociones como la ansiedad, la angustia o la ira. Cuando la percepción que tenemos de lo que sucede en nuestro entorno es negativa, nos provoca emociones negativas, con lo que la activación del cerebro cambia. Se producen en él cambios químicos, pues aumenta o se inhibe la producción de ciertos neurotransmisores. Así, un cambio por exceso o por defecto puede alterar el equilibrio del cuerpo y provocar respuestas negativas. Si no se resuelve la situación de emergencia o la manera en que el individuo afronta la dolencia, la enfermedad se cronifica. Al igual que las emociones negativas nos debilitan, las positivas nos generan sensación de alegría y nos refuerzan. Hay una somática positiva, con una respuesta orgánica que mejora la salud general.

Como puede comprobarse, los últimos estudios e investigaciones de los neurocientíficos demuestran claramente la relación entre los parámetros emocionales y muy diversos aspectos de la salud física. Y las evidencias aumentan día tras día. Incluso hay estudios que demuestran que el estado de ánimo influye en la posibilidad de sufrir accidentes no intencionados. Hoy ya nadie puede dudar de la relación directa y demostrada entre los estados emocionales y la salud. Son muchos los estudios que demuestran que las células cambian en función del entorno y, si bien la mayoría evidencian el perjuicio de las emociones negativas, otras investigaciones, aunque menos numerosas, han demostrado el efecto beneficioso de las emociones positivas.

¿PODEMOS CAMBIAR?

> Todos piensan en cambiar el mundo, pero nadie piensa en cambiarse a sí mismo.
>
> LEV TOLSTÓI

Durante muchos años se creyó que las personas no cambiamos, es decir, que una vez establecida una personalidad esta ya era permanente para toda la vida, o lo que es lo mismo, que la dotación de neuronas ya no se renovaba. Las investigaciones llevadas a cabo desde la aparición de las técnicas de neuroimagen demuestran que el cerebro se modifica en función de su uso. Es más, como ya hemos dicho, hoy sabemos que se transforma continuamente, en cada instante de nuestra vida.

En el año 2000, investigadores de la Universidad de Londres comprobaron que una parte del cerebro, el hipocampo, importante para la memoria espacial, estaba mucho más desarrollada en los taxistas de la ciudad que en el resto de sus habitantes. Los taxistas desarrollaban más esa zona del cerebro porque la usaban mucho más al memorizar constantemente calles y trayectos. Su capacidad, con los años, no solo no menguaba, sino que aumentaba. En este caso, a nadie se le ocurrió atribuir las diferencias observadas —como sí sucedió inicialmente en la comparación entre mujeres y hombres— a un determinismo biológico. ¡Por supuesto, a nadie se le ocurrió pensar que había un «cerebro taxista»!

No es este el único estudio realizado sobre las posibilidades de cambio en el cerebro de los seres humanos. Científicos alemanes observaron cómo una estructura de la corteza cerebral, la llamada circunvolución de Heschl, importante para procesar la música, estaba más desarrollada entre los músicos profesionales que entre la población general.

De especial interés es la investigación llevada a cabo hasta el año 2004 en el Instituto de Neurología de Londres que demostraba un mayor desarrollo en las personas bilingües que en los sujetos monolingües de una estructura cerebral, la circunvolución angular izquierda, un área de alta implicación en el lenguaje. Una vez más, se demuestra la gran posibilidad de modificación cerebral en función de su uso.

Como conclusión hay que tener en cuenta que los seres humanos podemos crear nuevas neuronas a lo largo de toda la vida, que las nuevas neuronas se localizan en las zonas que más usamos y que, por tanto, el cerebro se modifica continuamente en función de su uso. Así pues, aprendiendo y practicando nuevas formas de pensar, sentir y actuar podemos modificar aquello que siempre se creyó inamovible y que por suerte para nosotros era un error muy importante.

Nuestro cerebro se modifica continuamente
en función de lo que pensamos, sentimos y hacemos.

LA IMPERIOSA Y URGENTE NECESIDAD DEL CAMBIO

> Algunos están dispuestos a cualquier cosa, menos a vivir aquí y ahora.
>
> JOHN LENNON

No hace muchos años los medios de comunicación nos informaron de un luctuoso suceso ocurrido en Liverpool: la muerte de un niño por otro menor. Ante este tipo de noticias solemos reaccionar con estupor, con un sentimiento de rabia e impotencia y con ganas de descubrir culpabilidades. Como ya hemos visto, es una práctica habitual y universal la búsqueda de culpas y culpables ante cualquier hecho que no sea de nuestro agrado, incluso ante hechos como este que nos suelen sacudir las emociones. Ante sucesos como los destrozos en el mobiliario urbano o ver a alguien fumando en un lugar prohibido podemos y solemos atribuir estas maldades a los juegos de rol o a los videojuegos, al hecho de que los menores ven demasiado tiempo la televisión, a los contenidos de esta, al poco tiempo que los padres dedican a sus hijos, a la sociedad actual con su pérdida de valores y un largo etcétera de culpas y culpables. De este modo, una vez que hemos encontrado a qué o a quién señalar, nos sentimos más reconfortados: no solo hemos dado con alguien en quien cargar las culpas, sino que nos sentimos liberados de cualquier responsabilidad. Ya se sabe, son cosas de la vida. Luego, buscamos la solución fácil en la prohibición, en lugar de aprender a educar nuestras emociones, sin tener en cuenta que los problemas psicológicos derivan en gran medida de un déficit en este aprendizaje.

Los problemas psicológicos no suelen derivarse
de lo que somos o de lo que tenemos,
sino de lo que no sabemos.

«Los expertos constatan una creciente agresividad entre los menores», reza otro titular del mismo día de la noticia anterior, en este caso refiriéndose a datos estadísticos españoles. Lo mismo se observa en otros comportamientos y conductas de los menores: cada día hay un mayor y más precoz consumo de sustancias tóxicas, nuestro país es uno de los de mayor consumo del mundo, a pesar de que últimamente este aumento del consumo parece haberse estancado. Otro tanto podemos decir de ciertos comportamientos y de los nuevos y viejos trastornos, como los de la conducta alimentaria, adicciones varias, violencia doméstica, acoso laboral o académico y un largo etcétera, en el que hay que incluir el suicidio, que es la mayor causa de muerte entre nuestros jóvenes. Por cierto, conviene recordar aquí que el suicidio en los humanos no se daba en las sociedades primitivas. Ahí queda dicho. En todas y cada una de estas cuestiones se constata una importante intervención de las emociones de las personas que los padecen. Es más, toda nuestra vida es básicamente emocional. Todas nuestras decisiones están en gran medida mediatizadas por nuestras emociones.

La educación emocional que proporcionamos a los menores es, en muchos casos, muy mejorable. Sabemos que el progreso económico y el desarrollo tecnológico, así como las transformaciones sociales, han sido de amplio y profundo calado a lo largo de la historia de los seres humanos y, muy especialmente, en las últimas décadas. Cambios que se suceden cada día a mayor velocidad y que nos obligan a afrontar nuevos desafíos y a realizar nuevos esfuerzos de adaptación. Sin embargo, nuestra evolución psicológica, nuestra adaptación emocional a las nuevas circunstancias es lenta y no siempre está bien dirigida. En términos emocionales seguimos cercanos a la prehistoria. Hay estudios que demuestran que nuestras vidas siguen dominadas por la envidia, los celos, la codicia, la rabia, la ansiedad y muy principalmente el miedo, ahora como hace mil años. Seguimos siendo fácilmente manipulables y esclavos de nuestras propias emociones. También hay estudios que demuestran que los sentimientos de solidaridad y de empatía, por poner otros ejemplos, son tan consustanciales al ser humano como las otras emociones, aunque parezca que no nos hemos enterado.

Son de sobras conocidos gran parte de los factores de riesgo de la mayoría de los trastornos psicológicos y del consiguiente sufrimiento emocional del individuo que los padece, así como de su entorno. En este sentido son numerosos los estudios dedicados a este fin. Se puede afirmar que en casi todos los casos, en el trasfondo de estos factores subyace un importante deterioro emocional. Sin embargo, es muy poca la atención que reciben los estudios sobre los factores de protección, aunque hoy sabemos que una mejor educación de las emociones sirve para prevenir y mejorar la salud psicológica de los seres humanos. Prevenir los trastornos y el sufrimiento evitable tiene que ser prioritario para una sociedad que pretende ser libre. Como sociedad no podemos seguir escondiendo la cabeza bajo el ala mientras la tormenta no nos afecte directamente. Tampoco debemos conformarnos con poner parches, como medidas de alejamiento o unidades especializadas en diferentes trastornos, que aun siendo de cierta utilidad, lo son solamente cuando el mal ya está hecho y podríamos haber prevenido y evitado el problema. Una sociedad que se dice civilizada, nosotras y nosotros, no podemos permitir un silencio cómplice que nos conduce indefectiblemente al sufrimiento. Hoy disponemos de conocimientos suficientes para proporcionarnos a nosotros mismos y a nuestros menores una mejor educación de las emociones que nos ayude a aprender y enseñar a vivir y a convivir con un bienestar emocional mejor y más adaptado. Los seres humanos, de cualquier edad, necesitamos disponer de unas fortalezas o atribuciones aptas para dirigir nuestra vida hacia nuestro objetivo vital. Si somos conscientes de cuáles son los principales aspectos que hay que cultivar y enseñar tenemos mucho ganado, pues ya solo nos quedará saber cómo lograr nuestro objetivo.

CÓMO APRENDEMOS

> Educad a los niños y no será necesario castigar a los hombres.
>
> PITÁGORAS

El discurso

Si nuestra función como adultos es enseñar a los niños aquello que precisan aprender para transitar lo mejor posible por la vida, y para acceder a un mayor bienestar físico y emocional, bueno será averiguar cómo aprenden, mediante qué mecanismos y, así, en función de la edad, ir aplicando las medidas adecuadas.

En primer lugar, los humanos, a diferencia de otros seres vivos, aprendemos mediante el discurso, es decir, por medio tanto de la comunicación verbal como de la no verbal, de los conceptos y valores que transmitimos. En algunos casos el discurso puede servir para la interiorización más o menos consciente de ciertas ideas y creencias. Las diatribas verbales pueden ayudar al razonamiento de algunas cuestiones. Pero de todos es sabido el limitado poder del discurso si la realidad no lo acompaña y no muestra los mismos principios y consecuencias del enunciado. Vemos un ejemplo en el hecho de que la práctica totalidad de las muy numerosas religiones, desde hace miles de años —es decir, desde la existencia del hombre sobre la Tierra—, han calificado de una manera o de otra muchas de las prácticas sexuales como perjudiciales, condenables o pecaminosas y, por tanto, las han prohibido y condenado. Ello no ha representado ningún obstáculo para que los seres humanos hayamos practicado esas conductas sin descanso, lo cual nos ha permitido perdurar como especie y no extinguirnos. Por suerte para el género humano, la comunicación verbal de algunos no ha conllevado el aprendizaje que mediante el discurso se pretendía, puesto que la realidad no ha ido en la misma dirección. En una palabra, el discurso sirve para enseñar y aprender en algunos casos limitados, pero no en muchos otros. Otro claro ejemplo de ineficacia de ciertos discursos lo vemos en el caso de la familia Puig, con su pretensión de que los hijos adquieran el hábito de recoger sus pertenencias. La inutilidad de las órdenes de recoger las zapatillas del comedor y todas aquellas consignas que se repiten cuarenta veces o durante dos mil años resulta obvia, y si nos descuidamos pueden ocupar gran parte de nuestra vida. Otro significativo ejemplo lo encontramos en el famoso discurso sobre la fuerza de voluntad que se repite desde tiempos inmemoriales con el fin de mejorar la actitud ante el esfuerzo. Lo examinaremos en el capítulo 5.

La imitación y la contraimitación

Otro método de aprendizaje es la imitación. Son muchas las acciones, ideas y verbalizaciones que aprendemos de los demás por imitación. Imitar es una capacidad innata en los seres humanos y es probablemente el mecanismo social de aprendizaje más poderoso. Por imitación se empieza a aprender a los pocos instantes de nacer. Así, aprendemos ciertos gestos y posturas, enseñamos y aprendemos a hablar uno o varios idiomas, aunque también a gritar, a insultar, a maltratar, etc. Pero no aprendemos a leer por el solo hecho de ver leer, o a diseñar barcos viendo cómo otros los construyen, por poner algunos ejemplos. Bien es cierto que, a pesar de esas limitaciones, la imitación ayuda a acelerar el proceso de aprendizaje. Así pues, la imitación como fuente de aprendizaje es, sin duda, muy útil en ciertos campos, algunos de ellos de suma importancia para los seres humanos. Hay que subrayar el hecho de que en la misma línea también aprendemos por contraimitación. Se da en aquellos casos en que aprendemos a hacer o a actuar en sentido contrario al que observamos. Sería el caso del que se apunta a una organización antialcohólica después de ver a su progenitor alcoholizado y de haber recibido alguna paliza como consecuencia de algún consumo desmesurado.

La experiencia: las consecuencias

La principal manera en que aprendemos a comportarnos y a pensar es por medio de la propia experiencia, es decir, por las consecuencias de nuestros actos. Es difícil encontrar a alguien que meta los dedos en un enchufe, reciba una descarga y... vuelva a meter los dedos. Lo más habitual es que cuando nos demos un golpe con la esquina de un mueble, aprendamos a evitarlo, aunque es verdad que ciertas personas algo impulsivas, en ocasiones, necesitan tres golpes. De la misma manera podemos aprender ante consecuencias positivas y actuar con el fin de obtener los efectos supuestamente beneficiosos. Nuestra conducta siempre está influida por la lección que hemos extraído de las consecuencias perceptivo-emocionales de nuestros actos. En el capítulo 5, dedicado a la mejora de la constancia ante el esfuerzo, examinaremos el tema con mayor detenimiento.

A MODO DE RESUMEN

Una vez establecido que el objetivo vital de los seres humanos es la mejora de los sentimientos y emociones, es decir, del grado de bienestar emocional y felicidad, en este capítulo hemos abordado las posibilidades de cambio de las personas. También hemos visto que este cambio no solo es necesario e imprescindible, sino que hemos comprobado que mediante la práctica, en relativamente poco tiempo, se producen cambios en nuestro cerebro. Las ventajas de la mejora emocional abarcan incluso cambios en la salud física. Por último, señalamos que para poder enseñar es importante saber cómo aprendemos las personas.

4

APRENDIENDO Y ENSEÑANDO A PENSAR

LO QUE MENOS ENSEÑAMOS, MENOS APRENDEMOS

> No hay medicina que cure lo que no cura la felicidad.
>
> GABRIEL GARCÍA MÁRQUEZ

A medida que la sociedad evoluciona y la vida se hace más compleja, los adultos nos adaptamos más o menos a los cambios y enseñamos repertorios conductuales diferentes a los niños y jóvenes. Así, en nuestra sociedad los padres enseñamos a comer con cubiertos, cosa que hace unos años no se hacía. También enseñamos a ir en bicicleta, a conducir un coche o un avión, a hacer la declaración de la renta, si es preciso, y en el caso de que nosotros sepamos hacerla. Enseñamos lo que sabemos hasta que son los hijos los que nos ponen al día ante nuevas tecnologías. Pero, a lo que íbamos: en nuestra cultura se nos escapa un hecho de vital importancia. Estamos de acuerdo en que lo que deseamos para los hijos es que aprendan a ser más felices, es decir, que adquieran y practiquen una manera adecuada de ir por la vida que les sirva para lograr este objetivo. Quizás, pues, enseñamos muchos repertorios y competencias conductuales pero no enseñamos bien lo que probablemente sea mucho más importante. Todo lo que sentimos depende de lo que pensamos, de la percepción y la valoración que atribuimos a los comportamientos propios o ajenos y a los acontecimientos, es decir, a lo que pasa por nuestra cabeza, lo que se conoce como las cogniciones. Insistamos una vez más: todo lo que sentimos —y no hay que olvidar que nuestro objetivo es el bienestar propio—, así como lo que deseamos para los hijos, depende de lo que pensamos. Pues bien, eso es lo que menos enseñamos a nuestros menores. Y lo que es peor, en muchos casos les enseñamos a que piensen lo que quizás en algún caso fue útil o cierto en el pasado pero que dejó de serlo hace mucho tiempo. Como dicen en algunos lugares: «El tonto sigue la linde, la linde se acaba y el tonto sigue», dicho sea con todo el respeto a todos aquellos que se puedan sentir aludidos.

Pero, la cosa aún es más grave, pues no es que no enseñemos a pensar, o que con frecuencia lo hagamos erróneamente; es que, además, ¡enseñamos a no pensar! Enseñamos a obedecer, a seguir la norma, las órdenes. Quizás algún lector recuerde en su casa o en su clase haber escuchado este corto y típico diálogo: «Profesor, he pensado que...». De forma inmediata intervenía el profesor: «Aquí no se viene a pensar [o no estamos para pensar]. Aquí se viene a cumplir y obedecer [o lo que hay que hacer es cumplir lo que se te manda]».

La principal competencia para la mejora del estado de ánimo es la capacidad de pensar bien.

Nunca nos ha gustado que nos digan cómo hemos de pensar, como si quien lo hace interfiriera e interrumpiera nuestra intimidad. Parece que no es correcto decirles a los otros cómo hay que pensar, pues como suele decirse, «el pensamiento es libre». Sin embargo, debemos reconocer que en este punto los humanos somos, por lo general, bastante mejorables.

En ciertos ámbitos profesionales todavía hoy se discute si pensamos por lo que sentimos o sentimos por lo que pensamos. Si por pensar, como afirma Aaron T. Beck, entendemos lo que percibimos, «lo que pasa por nuestra cabeza», es decir, lo que llamamos cogniciones, entonces debemos concluir que todo lo que sentimos depende de las cogniciones. Un ejemplo: si sufres de un síndrome premenstrual, seguramente pensarás mal porque te sientes mal. Sin duda, eso puede ser del todo cierto, pero no se puede obviar que los síntomas del malestar también se perciben y son previos al sentimiento. En otros casos puede ser más evidente que la cognición precede a la emoción. Así, por ejemplo, si una persona ha desarrollado una personalidad obsesiva, pensar mal le llevará a sentirse mal, de la misma manera que según lo que pensemos podemos generar sentimientos de estima, de ternura o de satisfacción. Veamos a continuación algunos aspectos, situaciones, sentimientos y emociones de los cuales podemos aprender y que nos permitirán enseñar a pensar mejor, es decir, a hacerlo de forma más conveniente, a fin de mejorar nuestro objetivo vital, así como el objetivo de la función educadora que debemos ejercer.

REVISANDO LAS CREENCIAS

> Todo lo que somos es el resultado de lo que hemos pensado; está fundado en nuestros pensamientos y está hecho de nuestros pensamientos.
>
> BUDA

Desde el principio el recién nacido cuenta con una dotación emocional y cognitiva. Aunque sea en sus manifestaciones más elementales, ya se observan respuestas emocionales y, por tanto, cognitivas en los primeros minutos de vida. Desde esos precisos momentos se inicia una interacción del recién nacido con su entorno. De hecho, esa interacción ya se ha iniciado con anterioridad, pues las condiciones de vida de la madre, como ya es sabido, influyen en el feto antes de que salga del entorno amniótico en el que se ha desarrollado hasta ese momento.

En el principio de nuestra existencia se producen los aprendizajes más importantes de la vida del ser humano. Entre los mamíferos, somos la especie en la que el recién nacido se encuentra más indefenso, más necesitado de la protección y el cuidado de los adultos, sin los cuales no sobreviviría. Somos la especie con mayor recorrido hasta llegar a la vida adulta, con más repertorios que aprender: conductuales, cognitivos, emocionales y de interacción social. Así, los primeros días y años de vida se convierten en los de más alta eficacia de toda nuestra existencia en el aprendizaje del repertorio más complejo y diferenciador del ser humano: el lenguaje. Empezando por la comprensión, a través de la cual la interacción con el entorno se enriquece y crece a un ritmo vertiginoso. Aprendemos a vernos como nos ven, a valorarnos como nos valoran. Lo que escuchamos y vivimos nos forma. No vemos el mundo como es, vemos el mundo como somos. Somos víctimas de nuestras creencias, pero podemos cambiarlas.

Las creencias son aquellos pensamientos profundamente instalados en nuestra mente, convicciones arraigadas, adquiridas a lo largo de la vida y, en muchos casos, en la infancia y en la adolescencia. Las creencias no las solemos cuestionar, más bien las ratificamos, puesto que ratificar lo que creemos nos proporciona sentimientos de seguridad. El objetivo de toda creencia no es, como debería ser, contrastarse, sino validarse una y otra vez. Podemos tener creencias racionales, pero también irracionales. Sobre ciertos temas irrelevantes, los efectos de estar bajo creencias irracionales es un hecho totalmente inofensivo para nuestros sentimientos y emociones. Aunque ante las teorías o las creencias que hemos aprendido sobre *nosotros mismos*, *el mundo y los otros*, y *el futuro y la vida*, pueden ser de una gran importancia en nuestras vidas, en nuestro día a día. Sobre estos temas, estas verdades absolutas, estas convicciones irracionales, profundas, enraizadas y no cuestionadas, a menudo nos llevan a mantener actitudes equivocadas.

Desde la más tierna infancia se incrustan en el cerebro del niño, que es como una esponja, innumerables experiencias y repertorios. Aprende aspectos básicos sobre sí mismo, sobre los otros y sobre la vida. Las pautas de conducta que formamos durante los primeros seis años, cuando el cerebro recibe la máxima información en un mínimo tiempo, nos pueden acompañar el resto de la vida. Los comportamientos, creencias y actitudes que observamos en nuestros mayores se graban en nuestro cerebro y controlan nuestra biología para siempre, a menos que aprendamos a volver a programarla.

Y en nuestra cultura, ¿qué solemos enseñar?, ¿qué mensajes suelen ser frecuentes en nuestra interacción con los menores en esas horas tempranas? Sin duda, mayoritariamente, se verbalizan los mismos mensajes que en su momento aprendimos de nuestros mayores. Siempre con la mejor de las intenciones, por supuesto. No son infrecuentes verbalizaciones como las siguientes:

- «¡Si no te lo comes vendrá el hombre del saco y se te llevará!».
- «¡No sé cuándo aprenderás! ¡Siempre tengo que estar diciendo lo mismo!».
- «¡Si sigues así te castigaré!».
- «¡Me vas a matar a disgustos! ¡Cuando venga tu padre se lo voy a decir!».
- «¡Lárgate de mi vista! ¡Cada día te portas peor!».
- «Ya no te quiero».
- «Como sigas así te dejaré y te daré en adopción».

Sigamos con los ejemplos que se suman a medida que pasan los años:

- «Así nunca tendrás amigos. No sé cómo te soportan».
- «Ten cuidado con lo que haces. A ver qué van a decir los demás de ti».
- «Eres un desastre. Nunca aprenderás».
- «Cuando seas mayor te vas a acordar de lo que te digo y no me haces caso».
- «Así, ¿quién te va a querer, si nunca haces una a derechas?».

A algún lector estas frases le pueden parecer prehistóricas y excesivas, aunque en las consultas de los profesionales de la salud psicológica se comprueba cada día que aún están de actualidad. No son más que algunos ejemplos, pues sin duda podríamos elaborar una lista mucho más extensa. Para muestra tenemos suficiente. Pero veamos, ¿por qué hablamos así a los niños? ¿Qué conseguimos repitiendo consignas prehistóricas? Los efectos de todas estas frases y las consecuencias que suelen comportar en la manera de pensar y sentir del menor se pueden resumir en tres puntos:

1. Aumento de emociones negativas como ansiedad, tristeza, miedo, angustia, temor, etc.
2. Incremento de sentimientos de rechazo, fracaso, incomprensión, culpa, desamor, inseguridad, insatisfacción, desconfianza, soledad, incapacidad para dirigir la propia vida, etc.
3. Intensificación de la tendencia a compararse y a autoevaluarse catastróficamente, a elaborar un autoconcepto negativo, y la idea de no ser capaz de responder a lo que se espera de uno; concluir con ideas de minusvaloración personal y de sobrevaloración de la opinión de los demás; construcción de una baja autoestima, etc.

Como puede observarse, las frases mencionadas más arriba ejercen un efecto contrario al pretendido. Por muy buena intención que se tenga, el objetivo que se persigue mediante este tipo de verbalizaciones nunca compensará el daño cognitivo y emocional que ocasionan. Pues todos estos mensajes conducen con gran frecuencia a elaborar creencias y convicciones sobre la incapacidad total de cambiar y mejorar. Ideas enraizadas, creencias profundas que a lo largo de la vida no se suelen cuestionar; al contrario, se suele vivir confirmándolas ante cualquier acontecimiento. Creencias como:

- «No soy ni seré capaz de hacer esto».
- «No hace falta que me esfuerce, pues nunca lo conseguiré».
- «Sé que no me saldrá bien».
- «Sé que no soy como los demás y no conseguiré ser lo que se espera de mí».
- «Estoy convencido de que no soy el hijo que mis padres desean».
- «Soy incapaz de ser como los demás».

Hay que deshacerse de los miedos infundados y procurar no inculcar creencias limitadoras a los hijos. Disponemos de una técnica para aceptar comportamientos y creencias ajenos, y se llama *pensamiento asertivo*. Consiste en no reaccionar frente al pensamiento o comportamiento de los demás de forma vehemente, aunque sí con autorrespeto y autoestima. Es decir, no adoptando una actitud defensiva o agresiva, sino reafirmando y expresando la posición personal sin tratar de imponerla al otro. De todo ello hablaremos más adelante.

Con frecuencia no solo no enseñamos a pensar, sino que únicamente enseñamos a obedecer y cumplir.

Algunas de las principales creencias limitadoras que es necesario combatir, evitando inculcarlas, son las siguientes:

- La idea de que *es absolutamente necesario* para el individuo ser valorado y querido por todos o por casi todos.
- La idea de que *uno debería ser* completamente competente, adecuado y exitoso en todos los terrenos posibles.
- La idea de que *es terrible* que las cosas no sean como a uno le gustarían que fueran.
- La idea de que todas las penas y disgustos de uno *son debidos a circunstancias externas* y que *no se puede hacer nada* para evitarlo.
- La idea de que si alguna cosa es extremadamente difícil o molesta, o produce miedo, *uno debería estar pensando* en ello todo el tiempo.
- La idea de que *es mejor evitar* problemas y situaciones difíciles que afrontarlos.
- La idea de que *hay una solución perfecta* para cada problema y que si uno no la encuentra es un desastre.
- La idea de que *equivocarse le hace a uno culpable.*
- La idea de que *hay seres humanos superiores y seres humanos inferiores.*
- La idea de que *hay que vivir teniéndolo todo controlado.*
- La idea de que *nuestro valor como personas depende de lo que los otros piensen* y no de cómo uno mismo se percibe.
- La idea de que *lo importante es evitar el esfuerzo* en lugar de considerarlo como una fuente de satisfacción personal.
- La idea de que *los únicos sentimientos importantes son los míos.*

A HABLAR, A ANDAR Y A PENSAR TAMBIÉN HAY QUE ENSEÑAR

> Aquellos que nunca se retractan de sus opiniones se aman a sí mismos más que a la verdad.
>
> JOSEPH JOUBERT

A lo largo de su evolución, el *Homo sapiens* pasó de utilizar las cuatro extremidades a erguir el cuerpo y caminar con solo dos. También mejoraron el desarrollo del lenguaje y la capacidad de comunicación. Sin embargo, tanto en el desarrollo motor como en el del lenguaje no eran infrecuentes las anomalías. No hace muchos años, los diferentes especialistas comenzaron a indicar la necesidad de ayudar a los pequeños al buen desarrollo de estos aspectos, con intención de evitar muchas de las patologías que se detectaban. Se trata de enseñar a los niños a caminar, pero a caminar bien, y a hablar, pero a hablar bien y no de cualquier manera.

Hemos definido como función básica de padres y educadores el ayudar a los menores a que aprendan a ser más felices. Pero, si pretendemos enseñarles a sentirse mejor a lo largo de su vida, es importante que tengamos claro que todo lo que sentimos depende de lo que pasa por nuestra cabeza. Y que practicando una manera de pensar más positiva y menos negativa vamos modelando nuestro cerebro. Adquirir el hábito de pensar positivamente es imprescindible para el buen desarrollo emocional. Debemos enseñar a pensar y a pensar bien. Todos podemos aprender a pensar mejor, mejorar nuestro estilo cognitivo y modificar nuestro cerebro en función de la práctica.

Llegado este punto, algún lector se preguntará ¿y esto cómo se aprende y cómo se enseña? Veamos. Todas las personas mantenemos diálogos con nosotros mismos, con nuestra voz interna. En este sentido, Luis López-Mena señala que este diálogo con uno mismo es lo que llamamos conciencia humana. Podemos aprender, practicar y enseñar al menor a tener un buen diálogo consigo mismo utilizando un lenguaje positivo. Enseñar al niño a que practique autoinstrucciones positivas. Hay que tener en cuenta que los menores aprenden a pensar a través de los mensajes y del lenguaje de los adultos. Lo que pensamos de nosotros mismos, nuestro enfoque, determina nuestra realidad. El pensamiento positivo y las autoinstrucciones constructivas no solo nos capacitan, sino que también nos ayudan a sustituir los pensamientos negativos y las autoinstrucciones limitadoras o destructivas, por aquello de que son pensamientos incompatibles. Así pues, para enseñar a pensar, lo primero que debemos hacer es aprender a hablar de forma positiva, con lo que enviaremos al niño mensajes de aceptación y le enseñaremos a dialogar positivamente consigo mismo mediante autoinstrucciones constructivas y positivas. También es importante que realicemos ante el menor autoevaluaciones en voz alta en términos positivos, tal como «estoy contento por cómo he solucionado este asunto, a pesar de que era difícil».

Una de las primeras autoinstrucciones que debemos aprender y enseñar es: «Detente y piensa».

Recordará el lector a la familia Puig del primer capítulo. Eran las nueve y cuarto de la noche y Sebastià, el adolescente de quince años, estaba en su habitación frente a su ordenador, conectado a su red social preferida. Solía hacerlo todas las noches tras las tareas escolares y después de poner la mesa para la cena. Estaba absorto en su quehacer, como siempre que se hallaba en semejante situación, cuando Mariona, su madre, que había estado preparando la cena, al salir de la cocina le avisa de que debe dejar su pasatiempo favorito:

—¿Quieres apagar el ordenador y venir a cenar?

La respuesta del chico no se hizo esperar y, como siempre, contestó rutinariamente:

—¡Un momento! ¡Ahora voy!

No pasaron ni cinco minutos y Mariona volvió a insistir, eso sí, con un tono de voz un tanto más subido:

—¿Quieres venir de una vez? ¡La cena se está enfriando!

—¡Te he dicho que ahora voy! ¡No seas pesada! —responde Sebastià.

La tercera tentativa materna por conseguir que su hijo apagase el ordenador y fuese a cenar se desarrolló de la siguiente manera:

—¡Estoy harta! ¡Todos los días estamos igual! ¡En mal día compramos el ordenador! ¡Un día de estos lo tiro por ahí! Pero ¿quieres venir de una vez a cenar?

Semejante perorata enfurece a Sebastià; dominado por la rabia y la cólera, sin más, suelta:

—¡Déjame en paz y vete...! [el lector pude acabar la frase como mejor le parezca].

Mariona ya no entiende casi nada. ¡Con lo que ella se ha esmerado en cocinarle esas hamburguesas con patatas fritas que tanto le gustan! Se pondría fácilmente a llorar, si no fuera porque esa es una escena a la que ya se está acostumbrando. Le entran ganas de dejar a su hijo sin cenar, pero no se ve capaz de «hacer una cosa así». Por otro lado tiene miedo de que su hijo aún se rebote más. En cualquier caso, se siente mal.

Por su parte, Sebastià, con su pequeño grado de empatía, en alguna de estas ocasiones observa a su madre y, la verdad, le sabe mal haberle contestado tan mal. Hay que reconocer que también se está convirtiendo en costumbre y ya no le apena tanto como en las primeras ocasiones en que esto sucedía. En cualquier caso, por supuesto sin disculparse, una vez más se propone enmendarse e intentar que la escena no se repita. Pero, a la noche siguiente, a las nueve y cuarto, Sebastià está frente al ordenador y, como todas las noches, Mariona acaba de preparar la cena y... vuelve a repetirse la escena, igual que ayer y que anteayer.

Veamos lo que sucede. ¿Podemos hacer un esfuerzo y ponernos en la piel del adolescente? Cuando su madre le pide que apague el ordenador, ¿está, acaso, pensando: «Qué buena es mi madre que me ha hecho la cena»? A la segunda interpelación de Mariona, ¿está pensando: «Mira cómo me quiere mi madre que se preocupa de que cene caliente»? Estos pensamientos parecen poco creíbles a tenor de sus reacciones. En la tercera intervención de su madre, Sebastià, en el mejor de los casos, puede que esté pensando: «Es insoportable tener que dejar el ordenador». Puede incluso que piense que no es justo tener que dejar lo que le gusta después de hacer durante todo el día lo que se espera de él. Lo más probable es que esté pensando: «¡Qué pesada es mi madre!», o lo que es peor, «¡Mi madre es insoportable!». Sin duda alguna, este tipo de pensamientos, tales como «es injusto», «es insoportable» o «es una pesada, no la aguanto», por poner algunos ejemplos, tanto a Sebastià como a la casi totalidad de seres humanos, lleva a un aumento considerable de la rabia o la ira.

EL PENSAMIENTO POSITIVO EN LA VIDA COTIDIANA

> Solo existen dos días en el año en los que nada puede ser hecho.
>
> Uno se llama ayer y el otro mañana.
>
> ¡Por lo tanto hoy es el día ideal para amar, creer, hacer y principalmente vivir!
>
> DALÁI LAMA

Son muchos los seres humanos que viven sin tener presente cuál es su objetivo vital, sin ser mínimamente conscientes de para qué vivimos, sin tener claro que su meta es el bienestar emocional. Para empezar a aprender y poder enseñar a pensar mejor debemos ser conscientes y recordar cada día que nuestro objetivo vital, y también el del menor, es sentirnos bien, satisfechos con nosotros mismos. En cada momento de la vida, en cada «ahora y aquí», allá donde estemos y hagamos lo que hagamos, es importante tener conciencia de ese objetivo.

Para empezar a pensar mejor, en primer lugar hay que ser conscientes de para qué vivimos.

Otra práctica que hay que tener en cuenta es la observación de nuestra *suficiencia* para sentirnos bien. Ya que queremos sentirnos felices, lo mínimo que podemos hacer es observar si en un momento concreto podemos sentirnos así. Suele ser una práctica útil preguntarse a uno mismo, de forma más o menos frecuente, es decir, varias veces a lo largo del día, si en ese momento tenemos suficiente para sentirnos bien como personas que somos, no en el sentido de «poseer». La respuesta suele a ser afirmativa, del tipo:

«Sí, puesto que estoy haciendo lo que me he propuesto lo mejor que puedo y esto es suficiente para sentirme bien conmigo mismo». Hay que huir de las comparaciones, los perfeccionismos e incluso las autoexigencias de hacer las cosas bien, puesto que todo, siempre, es mejorable. Hemos de centrar la atención en observar la idea de que: «Estoy haciendo lo que me he propuesto lo mejor que puedo».

También podemos observar nuestra *suficiencia personal* desde un punto de vista más general. Ante la pregunta clave: «¿Soy y tengo suficiente, como persona, para sentirme bien ahora y aquí conmigo mismo?», la respuesta debe incluir el reconocimiento de los aspectos personales positivos en términos de *suficiencia*. Podemos y debemos reconocer que, aunque somos muy mejorables en todo, somos «suficientemente buenas personas». Recuerda también en estos momentos que eres lo suficientemente simpático/a, inteligente, atractivo/a, buen padre/madre, hijo/a, amigo/a o pareja, aun siendo en todo muy mejorable. Se debe observar la *suficiencia*, lo que sí somos o tenemos como seres humanos y no centrarse en la insuficiencia, en lo que no somos y no tenemos.

Esta reiterada observación debe llevarse a cabo recordando para qué vivimos, y que nuestros sentimientos y emociones dependen de nosotros mismos. Al igual que ante un recién nacido podemos generar sentimientos de protección o de ternura, o ante el recuerdo de la persona que amamos podemos generar sentimientos de estima, ante nosotros mismos podemos y debemos generar sentimientos de satisfacción personal. Al fin y al cabo, ese es nuestro objetivo vital.

Podemos y debemos generarnos
sentimientos de satisfacción personal.

Así pues, observar la *suficiencia personal* presupone no compararse, no exigirse la perfección y no centrar la atención en la *insuficiencia*. También requiere:

- Concentrarse en lo que sentimos, pensamos y hacemos.
- Recordar que nuestros sentimientos y emociones dependen de nosotros mismos.
- Tener conciencia presente de las emociones y sentimientos propios.
- Generarse sentimientos de satisfacción.
- Vivir «aquí y ahora» y no en el pasado o en el futuro.
- Percibir los aspectos positivos de las otras personas, principalmente aquellas que son afectivamente importantes para nosotros.
- Aceptar a los demás: no fiscalizar, juzgar, sentenciar y ejecutar castigos.
- Recordar que los seres humanos somos bastante limitados y mejorables, pero no culpables.

En resumidas cuentas, concentrar nuestra atención en pensar y percibirse positivamente a uno mismo y a los demás, ahora y aquí.

Es importante recordar que la principal manera de sentirse bien es pensar bien.

¿DECIR LO QUE SE PIENSA?

> Si un día tienes que elegir entre el mundo y el amor, recuerda: si eliges el mundo quedarás sin amor, pero si eliges el amor, con él conquistarás al mundo
>
> ALBERT EINSTEIN

Como íbamos diciendo, muchos acontecimientos en la vida de los seres humanos se repiten una y otra vez. En la consulta de psicólogos y psiquiatras, y en la vida misma, no es extraño escuchar diálogos semejantes y repetidos, como el que mantuve con Adela, una mujer de veintiocho años:

—Yo soy muy sincera, por lo que siempre digo las cosas por su nombre, y reconozco que en algunas ocasiones decir las cosas claras me complica la vida y en otras, además, los demás se ofenden.

—Bueno, es que quizás no todo lo que se piensa hay que expresarlo.

—Sí, claro, ya me lo dicen mis amistades, que debo pensar lo que digo antes de hablar. Pero, yo soy así, y si no digo lo que pienso reviento.

—Pues habrá que aprender a pensar en términos de conveniencia, ¿no?

—El otro día estaba en la cama con Ricard, mi novio, y me vino a la cabeza el recuerdo de Joan, un ligue que tuve hace unos años. Y, claro, se lo tuve que decir. Pienso que debo ser sincera en todo momento. No aguanto sin decir lo que pienso.

—Verás, eso más que sinceridad parece crueldad. Vas a tener que aprender a pensar mejor y a practicar la empatía. No siempre hay que decir lo que a uno le pasa por la cabeza. Antes debes pensar cómo decirlo, cuándo es conveniente decirlo, incluso si es o no adecuado decirlo, pero por encima de todo debes pensar si lo debes pensar o no. A todos nos pueden invadir pensamientos no deseados, intrusos, y no solo no hay que manifestarlos, sino que no hay ni que pensarlos. Hay que rechazarlos.

Debemos detenernos y pensar si lo que pasa por nuestra cabeza lo debemos pensar o no.

REACCIONAR ANTE EL ERROR

Sabemos y comprendemos racionalmente que todos los seres humanos tenemos derecho a equivocarnos, pero emocionalmente nos cuesta aceptar un error propio. Es bien conocida la anécdota ocurrida tras el invento de la bombilla por parte de Thomas Edison, al ser interrogado sobre cuántos intentos habían fracasado antes de dar con la solución final. «*No fracasé*, solo descubrí 999 maneras de cómo no hacer una bombilla». Inmersos como nos encontramos en la cultura del fracaso, el juicio permanente y la búsqueda de culpas y culpables, con frecuencia nos olvidamos de pensar y observar lo que podemos aprender de los errores propios o ajenos. Si de las acciones equivocadas no sacamos alguna conclusión positiva, de nada sirve el error. Como ya vimos en el capítulo 3, hay que tener presente que los errores no son fracasos y sí son un gran motivo de aprendizaje, si nos sacamos de encima el funesto vicio de no pensar. No podemos ir caminando por la vida bajo coordenadas de éxito-fracaso, ni jamás debieran ser el objetivo de ningún acto con pretensiones educativas.

Una experiencia nunca es un fracaso,
pues siempre se puede obtener algo positivo.

APRENDIENDO A RELATIVIZAR

Como es bien sabido, los pensamientos negativos frecuentan nuestras mentes. A unos más y a otros menos, y con más o menos frecuencia, nos visitan pensamientos involuntarios negativos que con posterioridad podemos valorar como excesivos por su catastrofismo, su exagerada importancia, su anticipación negativa sin suficiente fundamento que lo sustente o su lenguaje inadecuado.

Son muchos los aspectos de los seres humanos que delatan nuestra antigua procedencia. De forma muy notoria este hecho se observa en nuestra manera de pensar y percibir. Así pues, es conveniente y necesario recordar esta circunstancia a la hora de empezar las prácticas que se deben realizar.

Si, por un momento, hacemos una montaña con el exceso de sentimientos y emociones negativos que hemos ido experimentando a lo largo de nuestra vida, seguro que no seremos pocos los que obtengamos una montaña de algunos metros de altura. Si, por otro lado, observamos los acontecimientos que han generado tanto malestar exagerado y también los acumulamos, muy probablemente el montón no alcance más de un par de centímetros. ¿Y por qué algunos acontecimientos y conductas propias y ajenas, habituales en nuestro quehacer cotidiano, nos generan tanto malestar emocional? Simplemente por la percepción y la visión exageradamente negativa de situaciones habituales de la vida. Acontecimientos y comportamientos, en muchos casos, totalmente previsibles.

Es la percepción exageradamente negativa de nosotros mismos la que nos provoca un mayor dolor emocional.

Veamos, pues, algunos ejemplos de la vida cotidiana. Después de un fin de semana sin que funcionara la lavadora vino un técnico a casa de Lluís. Al poco rato elaboró su diagnóstico y su pronóstico:

—Esta ya ha cumplido con su función. Ya no tiene arreglo, pues tiene el tambor destrozado.

—¿Comprar, ahora, una lavadora? —interrogó alarmado Lluís.

—Y, en todo caso, si nos pusiéramos a arreglarla saldría más caro que comprar una nueva.

Después de unos momentos de adaptación a la nueva noticia, Lluís planteó su inquietud.

—¿Y qué vale ahora una lavadora?

—Pues unos cuatrocientos o quinientos euros, como mínimo.

En aquel instante la inquietud de Lluís se tornó angustia con la aparición del pensamiento correspondiente: «¡Quinientos euros! ¡Y en qué mal momento!».

Ese solo pensamiento nos afecta negativamente. ¡Como si hubiera buenos momentos para estas cosas!

Hay personas que, cuando pierde su equipo de fútbol favorito, sufren insomnio, e incluso pierden el apetito; otros se sienten mal y se descontrolan ante la visión de las zapatillas en el comedor o les domina el mal humor cada mañana cuando tienen que levantarse de la cama. Son muchas las madres y bastantes los padres que se sienten al borde del desastre, consumidos por la ansiedad, cada vez que sus hijas o hijos salen de casa a divertirse. Pueden servir estos pocos ejemplos para percatarnos de la gran cantidad de pequeñas situaciones cotidianas que nos afectan negativamente. Como podemos ver, son casi infinitos los acontecimientos y comportamientos propios o ajenos de la vida diaria que, por no preverlos y sí percibirlos de forma desproporcionada y catastrófica, es decir, de forma negativa, nos afectan y perturban nuestro estado de ánimo, provocando sentimientos y emociones como miedo, ansiedad, cólera, angustia, celos, envidia, tristeza y similares.

Sin embargo, podemos aprender a reconocer nuestro estado de ánimo. Ya hemos visto cómo la mejor manera de caminar en la dirección de nuestro objetivo vital es aprender a sentirnos bien, pensando bien. Pero, también podemos aprender y enseñar a nuestros hijos y alumnos a relativizar y pensar de forma más proporcionada al acontecimiento o comportamiento en cuestión. Esto suele requerir varias fases. Veamos:

—*Primera fase:* identificación de las situaciones en que nos invaden las emociones y sentimientos negativos. Hay que tener en cuenta que esto casi siempre nos sucede ante las mismas situaciones, dependiendo de nuestros hábitos cognitivos. Así, por ejemplo, la persona que suele adelantar acontecimientos amenazantes y que se autogenera ansiedad anticipatoria, suele actuar así de forma regular. Igualmente, la persona que se enfada ante la visión de desorden en la casa se ve invadida por la rabia y la impotencia de forma cotidiana. Y al que se despierta de mal humor le ocurre incluso en los días festivos. Es importante tener en cuenta que, por regla general, ante el malestar emocional se suele dar una manifestación física, ya sea sudoración, rigidez, tensión, etc. Estas manifestaciones deben actuar como señales de alerta para la identificación de las emociones y sentimientos negativos.

—*Segunda fase:* sustitución del pensamiento negativo por otro más ajustado a la realidad. En este punto es importante visionar los acontecimientos y los comportamientos desde una percepción más relativizadora. Veamos algunos ejercicios:

- *Desde la distancia espacial o temporal:* observar la situación perturbadora como si estuvieras en la Luna o en el próximo año. Sin duda, desde la distancia se perciben los comportamientos y los hechos con mayor perspectiva y relativización.
- *Hacer una estadística* de lo que podemos esperar de los acontecimientos de nuestra vida o de las conductas de las personas de nuestro entorno. Es como decidir que al dirigirnos hacia el propio hogar pensaremos dónde estarán las zapatillas: obviamente en el comedor. Lo que nos suele acontecer a lo largo de nuestra vida es aquello que es previsible y pocas veces debería sorprendernos.
- Intentar «*no acumular*» hechos negativos.
- «*No anticipar*» circunstancias que no están sucediendo.
- *Preguntarse* qué importancia real tiene en el peor de los casos.
- *Revisar las palabras* con las que definimos y valoramos la situación; por ejemplo, sustituir «es insoportable» o términos semejantes por «no me gusta nada esta cuestión, pero la puedo soportar».

Ejercicio este último que podría utilizar Sebastià cuando su madre le pide que apague el ordenador.

MEJORAR LA AUTOESTIMA

> Importa mucho más lo que tú piensas de ti mismo que lo que los otros opinen de ti.
>
> LUCIO ANNEO SÉNECA

La autoestima es un sentimiento que se fundamenta en el autoconcepto y la imagen que tenemos de nosotros mismos. Parte de la evaluación que hacemos de nuestra persona, de nuestra vida y nuestros logros. Esta evaluación la realizamos tanto desde una perspectiva positiva, es decir, la que nos genera sentimientos de autosatisfacción y de afecto como desde la visión negativa, que es aquella que nos lleva a sentir desagrado y malestar. La autoestima se forma progresivamente a lo largo de la vida del individuo y ya desde la edad temprana. Los elementos básicos en su formación son fundamentalmente tres:

- La información proveniente de los demás (padres, familiares, profesores) durante los primeros años de vida.
- La información que extraemos al valorar lo que realizamos. La valoración acerca de cómo nos va la vida en relación con lo que esperamos de nosotros mismos, es decir, del cumplimiento de nuestras expectativas.
- La manera de pensar, o lo que es lo mismo, el estilo cognitivo mediante el que nos evaluamos. Depende de si somos capaces de reconocernos aspectos positi-

vos o no, y de si sobrevaloramos o no nuestras insuficiencias, errores y limitaciones.

La autoestima es el juicio interno que ejercitamos con nosotros mismos. La capacidad de conceptualización aumenta con la edad, y de ahí que la manera de autoevaluarnos también esté mediatizada. Los pequeños valoran en primer lugar los aspectos físicos, luego lo que tienen o poseen, posteriormente sus habilidades y, por último, ya adolescentes y adultos, las características personales en términos abstractos. Los aspectos más relevantes sobre los que solemos evaluarnos son:

- *Como personas integrantes de una familia.* Los seres humanos necesitamos sentirnos aceptados, valorados, ayudados y queridos. Suelen disminuir la autoestima la culpabilización, el rechazo, el abandono y la falta de demostración afectiva.
- *Como individuos productivos.* Sea en la vida académica o en la vida laboral, necesitamos disponer de unas expectativas realistas y alcanzar un nivel de realización satisfactorio.
- *Como individuos sociales.* Necesitamos la valoración, aprecio, aceptación y estima de nuestros iguales. Necesitamos experimentar sentimientos positivos en la relación social.
- *Como individuos físicos.* Tanto la apariencia como las habilidades físicas conforman la imagen corporal, siendo esta un elemento importante entre los aspectos que solemos integrar en la autoestima.

Nuestro valor radica en lo que pensamos de nosotros mismos y no en lo que creemos que nuestros iguales piensan de nosotros.

En nuestro quehacer diario es importante que mantengamos un buen nivel de actividad física, unas adecuadas relaciones familiares, suficiente interacción social y una proporcionada actividad laboral y/o formativa. Además debemos percibir y enseñar a percibir conscientemente los aspectos positivos de nuestra persona «aquí y ahora», con pensamientos tales como:

- Tengo suficiente, ahora y aquí para sentirme bien conmigo mismo.
- Puedo estar satisfecho de mí mismo, puesto que estoy haciendo lo que me he propuesto lo mejor que puedo.
- No necesito que me halaguen para sentirme a gusto conmigo mismo.
- Lo importante es que sé que soy una buena persona y que hago lo mejor que puedo aquello que creo que tengo que hacer.
- Ahora puedo sentirme tranquilo y generar sentimientos de satisfacción.

LA GESTIÓN DE LA RABIA, CÓLERA O IRA

> Todos los males que puedan imaginarse derivan de la ira desmesurada.
>
> DEMÓCRITO

Cada día es más frecuente oír quejarse a los padres de la baja tolerancia ante la frustración de sus hijos. Frecuentemente se oyen comentarios como: «No soporta que le lleves la contraria, o que le niegues cualquier cosa o simplemente que no pueda hacer en cada momento lo que le venga en gana». El enfado suele ser mayúsculo ante la más pequeña contrariedad y la irrupción de la cólera es inmediata ante la percepción catastrófica con pensamientos similares a los de Sebastià a la hora de apagar el ordenador. Cuanto antes se le enseñe al niño a elaborar pensamientos más relativizantes, mucho mejor. En todo caso, a cualquier edad, es conveniente enseñarle pensamientos sustitutorios como los siguientes:

- No me gusta nada... pero lo puedo soportar.
- Puedo buscar lo positivo y me ayudará a aguantar.
- Mi madre no es una pesada, aunque no me deje hacer lo que quiero.
- Nadie me ha dicho que en la vida todo será justo.
- Aunque no me gusta nada puedo soportar lo que no me parece justo.
- Es importante tener la razón, pero aún es más importante que no pierda el control.
- Sé cómo se sentirá y no quiero causar daño. Eso es lo más importante.

Sirvan estos ejemplos para disminuir, controlar y gestionar mejor emociones como la cólera, la ira o la rabia. Enseñar al menor a relativizar, a aceptar las cosas que no puede o que no es conveniente cambiar, implica enseñar a pensar de otra manera. Sin duda, la principal forma de controlar estos sentimientos negativos es mediante los pensamientos empáticos. Si Sebastià tuviera muy en cuenta cómo se debe sentir su madre ante sus comentarios, a buen seguro que no se expresaría como lo hizo.

ANTE EL MIEDO

> Quien vive temeroso, nunca será libre.
>
> HORACIO

Tenía seis años Andreu cuando un día se dirigió a su madre y le dijo:

—¡Mamá, acompáñame al lavabo!

—¿Por qué quieres que te acompañe, si ya sabes ir solo? —le respondió ella.

—¡Es que tengo miedo! —terció el niño.

—Pero ¿de qué tienes miedo ahora?

—¡De los monstruos!

Andrea, así se llamaba la madre, estaba atareada recogiendo la ropa de la lavadora y rápidamente se percató de que su hijo no estaba pensando bien y quiso convencerle de que su pensamiento era erróneo.

—¡Pero si no hay monstruos! ¿No lo ves? —le argumentó.

—¡Pues yo tengo miedo! —insistió Andreu.

—Pero ¿tú no ves que estamos solos? ¿No ves que aquí no hay nadie?

Andrea le señala bajo la mesa y detrás de la tele, intentando convencerle de su error. Ella ya se estaba poniendo un tanto inquieta, pues tenía mucho por hacer antes de acompañar a los niños a la escuela y después ir al trabajo.

—¡Anda, ve al lavabo y déjate de tonterías! —le dijo ya con cierto desespero.

Andreu se puso a llorar. Andrea estaba aturdida, ¿cómo era posible que a estas alturas el niño tuviera miedo de los monstruos?, se decía. ¡Ya era mayorcito para comprender que no hay monstruos y menos en casa! Por experiencias anteriores sabía que era primordial no perder la calma. Respiró hondo y cargada de paciencia se dirigió hacia su hijo y cogiéndole de la mano le dijo:

—Vamos al lavabo. Yo te acompaño y verás cómo no hay monstruos.

En ese preciso momento, por aquello de decir algo, a Andrea se le ocurrió recordarle a Andreu aquel día en el parque de atracciones:

—¿Te acuerdas de aquel día que fuimos al parque de atracciones con tu hermana y tu amigo Àlex? ¡Qué bien que lo pasamos! Y, ¿te acuerdas cuando subimos en aquella atracción donde nos reímos tanto?

Andrea fue detallando distintos aspectos de lo que recordaba de aquel memorable día. A todas estas, ambos habían atravesado la casa, Andreu había orinado y habían vuelto al comedor. El niño se había mostrado tranquilo todo este tiempo. Su madre se percató de ello y le preguntó:

—¿Has visto monstruos? ¿Has pasado miedo?

—No —dijo Andreu.

—Pues ya sabes lo que tienes que hacer siempre que tengas que ir al lavabo. Piensa en ese día en el parque de atracciones y recuerda todo lo que hicimos, y verás como no tendrás miedo nunca más a la hora de ir al lavabo.

Sin lugar a dudas, la mejor manera de controlar el miedo es aprender a sustituir el pensamiento y concentrarse en lo que no genera esta emoción.

Un pensamiento saca otro pensamiento
como un clavo saca otro clavo.

Querer vencer el miedo mediante el razonamiento de que no deberíamos experimentarlo no nos sirve para lograrlo.

Una vez más vemos cómo los sentimientos y las emociones se aprenden a controlar y gestionar aprendiendo a pensar de manera diferente.

VARIACIONES EN LA GESTIÓN DE LA ANSIEDAD

> El dolor es inevitable, pero el sufrimiento es opcional.
>
> BUDA

A buen seguro comprenderá el lector que en un libro como este no se pretende elaborar un tratado del tratamiento psicológico de las posibles patologías emocionales. Lo que sí es evidente es que todos tenemos nuestro estilo cognitivo, nuestra manera de afrontar los acontecimientos y los comportamientos, sean propios o ajenos. Esa manera de pensar, por regla general, nos ha venido impuesta por la genética, por la educación recibida, por la influencia del entorno o por cómo nos va la vida. El objetivo es analizar cómo podemos aprender a pensar de modo positivo para sentirnos mejor y no ser esclavos de nuestras emociones. La ansiedad es una emoción que se experimenta ante la percepción de una amenaza y que suele provocar una respuesta de alerta. Los errores cognitivos más frecuentes son los siguientes:

1. *Adelantar conclusiones negativas.* Pensamiento típico de las personas pesimistas. Es el caso de aquellas personas que en ciertas situaciones piensan en términos como «seguro que no saldrá bien», «no hace falta que lo intente porque ya sé que no lo haré

bien» o «estoy seguro de que algo malo va a pasar». Primeramente hay que identificar estas situaciones, luego plantearse qué evidencias realistas avalan ese pensamiento y, por último, centrarse en pensamientos más positivos. Con frecuencia estos pensamientos alternativos los podemos prever con antelación. El pensamiento elegido queda a gusto del consumidor.

2. Lo que se conoce como *generalización excesiva*, que hace referencia a hacer continuas generalizaciones negativas. De hechos aislados se extraen reglas generales, que lógicamente son falsas. Ante este error cognitivo debemos ser autocríticos y reconocer que una golondrina no hace verano. Es importante tener ese sentido crítico y sustituirlo por uno un tanto más «científico». Es el caso de aquellas personas que después de sufrir una experiencia negativa están convencidas de que todo, siempre, será así. El ejercicio para practicar es el mismo del apartado anterior.
3. *Centrarse en detalles selectivos nocivos* que se da cuando se saca una experiencia nociva de su contexto, sin tener en cuenta los posibles aspectos positivos que existen a su alrededor. Después de identificar este error, la práctica de pensamientos positivos acerca de uno mismo, de los acontecimientos y de los otros, suele facilitar el cambio ante este tipo de errores. Por lo general, prever estas situaciones facilita su identificación y su sustitución por otros pensamientos más realistas y positivos.
4. *Tener un pensamiento radical*, lo que implica que se tiende a plantear todo en términos extremos. El pensamiento más primitivo suele centrarse con frecuen-

cia en valorar la vida en sus extremos, sin matices relativizadores. Se da también cuando se tienen pensamientos excluyentes, tales como «si no es bueno es que es malo». Cuanto antes aprendamos y enseñemos a percibir aceptando que todo es relativo, tal como se ha apuntado en el correspondiente apartado, antes interiorizaremos una manera de percibir la vida menos radical y excluyente.

5. *Anticipar acontecimientos negativos* sin evidencias que los sustenten. Suele ser el caso de aquellas personas que se definen o son reconocidas como «sufridoras». Ante situaciones en las que solemos experimentar ansiedad, podemos preverlas y elaborar pensamientos alternativos que nos ayuden a relativizar y desviar la atención. Mediante la práctica interiorizamos una manera de percibir la situación con menor ansiedad. Así, por ejemplo, aquellos padres que sufren cuando los hijos no están en casa, pueden centrarse en pensar que se lo están pasando la mar de bien, pues para eso han salido, y visionar esa idea en lugar de «verlos» drogados, violados o accidentados.

CONTROL DE LA ENVIDIA Y LOS CELOS

> La grandeza inspira envidia. La envidia engendra rencor. Y el rencor genera mentiras.
>
> JOANNE ROWLING

Desear lo que poseen otros es lo que se conoce como envidia. Esto presupone que para tener envidia se debe conocer o imaginar lo que los otros poseen. También se efectúa una evaluación cualitativa y se *compara* con lo que uno tiene, siempre en términos negativos. Esta es la *comparación* que genera el sentimiento de envidia. Debemos aquí recordar lo que apuntábamos en el capítulo 2 cuando mencionamos la comparación con los otros como uno de los errores más comunes y negativos de nuestros hábitos vitales. Para un buen control de la envidia es importante:

- No especular con lo que puedan o no poseer los otros.
- No comparar las características o propiedades de otros con las nuestras.
- No presuponer que hay personas o situaciones personales «superiores» a otras.
- Centrarse en la situación propia generando sentimientos de satisfacción personales, en el momento que nuestro pensamiento dirija la atención hacia lo que poseen los otros.

En una de sus acepciones, el *Diccionario* de la Real Academia Española define la palabra «celo» (o «celos», en plural), como «sospecha, inquietud y recelo de que la persona amada haya mudado o mude su cariño, poniéndolo en otra». Sentir celos presupone, una vez más, centrar la atención en evaluar a los otros presuponiendo sus sentimientos. Además, también suele implicar el compararse con otros.

A la hora de cenar, Roser llamó a sus dos hijos para que dejaran la televisión y vinieran a la mesa. Llegó en primer lugar Lluís, el mayor de los dos, por lo que Roser le puso delante el plato con un huevo frito con patatas y le preguntó al niño:

—¿Tienes bastantes patatas o quieres más? ¿O tienes demasiadas?

Lluís se detuvo un instante, no sabiendo que responder. Contó las patatas fritas que había en su plato: «dieciocho», sumó.

—Sí, está bien —respondió por fin.

—¿Estás seguro de que no quieres más? —insistió la madre.

—Sí, sí, ya me está bien así.

Ante esta respuesta, Roser se dirigió a la cocina, volviendo al poco con el plato del huevo con patatas de Llorenç, que ya había ocupado su silla. Antes de que Roser preguntara al pequeño de los hermanos si estaba conforme con la cantidad de cena, Lluís ya se había girado y en un santiamén contó que en el plato de su hermano había ¡diecinueve patatas! Inmediatamente, pasó por su cabeza aquello que últimamente ocurría con frecuencia: la idea de que su madre beneficiaba y quería más a Llorenç que a él. Esos pensamientos le llenaban de malestar, lo que los mayores llamaban celos.

Con el paso de los días Roser observó el sufrimiento de Lluís y, tras consultarlo con su psicólogo, buscó un momento oportuno y le explicó cómo podía pensar mejor para sentirse mejor:

—Es muy importante que siempre recuerdes que te quiero mucho, te quiero «todo», el máximo que se puede querer. Igual que no se puede tener más miedo que el miedo máximo, ni se puede uno enfadar más de lo que uno se enfada, tampoco se puede querer más de lo que te quiero. Por eso digo que no lo olvides nunca y pienses siempre que te quiero «todo». Piensa: «Mi madre me quiere y me quiere "todo", y si quiero le pido un beso», y si puedo te lo daré.

No suele ser eficaz querer «convencerle» de que no tiene motivos para sentirse celoso, o que «es tonto pensar que quiero más a tu hermano, por una patata más». Para una mayor eficacia en el control de los celos es importante tener conciencia de lo que hay que pensar al primer indicio de «pensamiento celoso». El mismo ejercicio es aplicable ante los sentimientos de celos en las personas adultas. Se podría argumentar y, luego, pensar algo así: «Si está conmigo no es porque soy la más guapa/el más guapo, ni la/el más inteligente, ni más simpática/o, sino que está conmigo ni más ni menos porque me quiere».

Centrarse y concentrarse en la estima del otro contribuye al control de los celos, como un clavo saca otro clavo, mucho más que «querer quitarse esos pensamientos de la cabeza».

Hay que pensar bien para sentirse bien.

UN EJERCICIO EFICAZ

Tal como hemos venido comentando, con frecuencia nos sentimos mal, desbordados, angustiados, impotentes y esclavizados por nuestras propias emociones, siempre en las mismas y repetidas ocasiones. Recordemos el caso de Mariona con sus hijos, tanto en el momento de llegar a casa como a la hora de cenar. A otras personas les puede pasar cuando tienen que ir al dentista, o ante ciertas situaciones laborales. Sin duda, cada uno puede tener «sus motivos». Son situaciones claramente previsibles en las que podemos practicar un ejercicio de demostrada gran eficacia. El procedimiento es el siguiente:

En primer lugar, se debe hacer un ejercicio de relajación. Cualquiera de los descritos en los manuales al uso puede ser válido, o si lo prefieren pueden practicar alguno de los que describimos en el libro *Libertad emocional*. La cuestión es conseguir un alto grado de concentración en la tarea de relajar cuerpo y mente.

El segundo paso consiste en visualizar la escena que nos afecta, pero esta vez no asociada al sufrimiento o a la emoción negativa ya sea de miedo, ansiedad, ira, celos o demás, sino a relajación, control mental y sentimiento de serenidad. Se debe realizar la visualización:

a) De forma progresiva, hacia la situación de alteración máxima.
b) Mediante una acción y no pasivamente, como sería el caso de una situación estática.
c) De manera que se alternen en la mente ambas circunstancias, es decir, la relajación y la visualización de la situación. Dicho de otro modo, observándose a uno mismo asumiendo la vivencia bajo control emocional.

Lo más habitual es que el solo pensamiento o recuerdo de esas situaciones temidas, o que nos alteran negativamente, lo asociemos repetidamente a pensamientos negativos. Cuando la realidad aparece ante nosotros, solemos reaccionar según la práctica negativa que hemos ejercitado, pero, si las experiencias previas las hemos asociado a bienestar, nuestra reacción interiorizada ante esa realidad será de control.

Es importante recordar:
somos lo que practicamos.

A MODO DE RESUMEN

De generación en generación vamos enseñando y aprendiendo repertorios conductuales y sociales en función de los cambios surgidos. Sin embargo, los avances en la manera de pensar y percibir no están en consonancia con esos cambios. En este capítulo hemos abordado algunas mejoras que podemos llevar a cabo con el fin de aprender y enseñar a pensar y percibir mejor, teniendo en cuenta la relación existente entre estos aspectos y lo que sentimos. Se plantean enfoques acerca de cómo cuestionar y modificar ciertas creencias irracionales, cómo practicar el pensamiento positivo en la vida cotidiana y cómo aprender a relativizar.

Mejorar la práctica cognitiva es de vital importancia en la consecución de nuestro objetivo vital como individuos y como educadores. Se ofrecen estrategias para mejorar la autoestima y la gestión de las llamadas emociones negativas como son la rabia, el miedo, la ansiedad, la envidia y los celos.

5

EL ESFUERZO SOSTENIDO

UNA SITUACIÓN HABITUAL

> El aprendizaje produce, mediante el esfuerzo, todo lo hermoso.
>
> DEMÓCRITO

La relación existente entre el esfuerzo y la percepción que solemos tener ante aquello que nos cuesta realizar merece un capítulo aparte.

Gerard es el padre de dos niños, Xavi y Meritxell. El niño tiene once años y la niña ocho. La madre de ambos es Montserrat. Estos son los personajes de la escena que transcurre en el domicilio familiar donde viven los cuatro. En un momento dado, Gerard, dirigiéndose a su hijo, le dice:

—Xavi, ¿me puedes traer la linterna que te dejé?

El niño, sin mover un músculo de su cuerpo, poniéndose la vida fácil, le responde como hacen casi todos los niños:

—La linterna está encima de mi mesita de noche.

Analicemos por un momento esta habitual escena familiar. Xavi, ante la petición de que realice un esfuerzo, como todos los seres humanos procura minimizar el impacto del mismo; de forma inconsciente, automatizada, lo intenta evitar. Así pues, no es una respuesta pensada, premeditada, para evitar el gasto energético.

Pero la historia continúa, pues aparece en escena Montserrat, que dirigiéndose a su hijo interviene:

—Xavi, hijo, tu padre no te ha preguntado dónde está la linterna. Te ha pedido que se la lleves. Haz el favor de ir a buscarla y llevársela a tu padre.

Ante la observación materna el niño se levanta y le lleva la linterna a su padre.

Probablemente solo un reducidísimo número de padres actúa de semejante manera. Lo más usual es que el progenitor, en este caso el padre, ante el comentario del menor vaya a buscar la linterna a la mesita de noche del niño. También es muy probable que esta escena no sea la primera de este estilo que se produce en casa. Ayer mismo Meritxell, mientras cenaban, le pidió a su madre, que se encontraba a su lado, que le trajera un vaso de agua. Montserrat, con la sana intención de que la niña no se levantara de la mesa, accedió a su petición.

Es ante este tipo de actitudes educativas cuando se produce esa perversión de lo que últimamente se ha venido llamando *cultura del esfuerzo*. Se suele afirmar que los niños de hoy en día no se esfuerzan por nada, que suelen tener muchas dificultades en mantener la constancia ante el esfuerzo. Y se suele afirmar que esto sucede porque «lo tienen todo demasiado fácil». De alguna manera, como veremos a continuación, afirmaciones como esta son ciertas en algunos casos, aunque cabe preguntarse dónde está el inicio de estos desaguisados.

OTRA HISTORIA CORRIENTE

> Cualquier esfuerzo resulta ligero con el hábito.
>
> TITO LIVIO

Transcurrían los años sesenta del siglo pasado cuando Manel, cada día al salir del trabajo, se detenía en el comercio cercano a su casa a comprar, con el jornal del día en el bolsillo, algo con lo que alimentar a su familia. Manel vivía con Mónica, su pareja desde hacía diez años, los cuatro hijos, que Artemisa o alguna otra diosa de la fecundidad les había concedido, y Ramona, la abuela, madre de Mónica. Manel solía llegar agotado por la larga jornada de doce horas de trabajo en los telares de la fábrica que habían montado en el pueblo tres señores de la capital. Aunque con frecuencia llegaba exhausto, su cara solía mostrar un alto grado de satisfacción. Un día más podía disfrutar de ver las caras de alegría de sus hijos, mujer y suegra ante el sustento que traía consigo. Sin duda, esa sensación de satisfacción por el deber cumplido y la visión de la alegría doméstica compensaban con creces el esfuerzo, incluso el sufrimiento. A menudo Manel recordaba aquellos difíciles y angustiosos días en los que por falta de trabajo se iban algunas noches a dormir con el estómago vacío. Aun ahora, en ocasiones recordaba los lamentos y las quejas de los hijos por el hambre que pasaban. La alegría de comprobar que ahora no era así, le llenaba de satisfacción.

Mónica pasaba los días al cuidado de sus hijos, de su madre y de Manel. Lavaba la ropa en el fregadero municipal, trajinando con los fajos de ropa de un lado a otro, después de restregar una y otra vez las piezas con un trozo de jabón. Al enjuagarlas tenía que atizar la ropa. Parecía como si tuviera una pelea con las prendas. Después venía lo más duro, especialmente en los meses calurosos, que era tener que planchar, puesto que lavar al menos le permitía salir de casa, ver la luz del sol y hablar un rato con sus vecinas. El cuidado y atención de los hijos era lo que mayor satisfacción le producía a lo largo del día. Cocinar, limpiar, ordenar y vuelta a empezar, era lo que llenaba la vida de Mónica a la espera de que su marido llegara a casa con los productos con los que iban a alimentarse. Ese era el mejor momento del día, en el que se sentía recompensada por el esfuerzo realizado, incluso cuando se sentía exhausta.

Durante varios años esa fue la suerte que corrieron Mónica y Manel, hasta que un día llegó una novedad largamente esperada por ambos. A Manel lo habían nombrado encargado de la limpieza y el mantenimiento de los telares del turno de día. A pesar de que Manel debía asumir una mayor responsabilidad, el cambio que este hecho representó en sus vidas fue importante y sustancial. Implicaba, entre otras cosas, un aumento del jornal que cobraba semanalmente. Esto les permitió algún que otro capricho. Uno de los que mayor satisfacción les proporcionaba era poder comprar alguna golosina a los hijos, aunque fuera de higos a peras. Ver las caras de alegría de sus vástagos les hacía sentirse verdaderamente felices. Por otra parte, sus vidas no habían variado en exceso. Y, así pasaron algunos meses y algún año.

Un buen día Manel fue requerido a presentarse en el despacho de uno de sus jefes. Este le confirmó lo que ya sabía: sus superiores estaban satisfechos con su trabajo. A pesar de que Manel ya tenía conocimiento de este hecho, las palabras de su jefe le llenaron de un gran sentimiento de orgullo. «Tanto es así —le comunicó el subdirector de la empresa— que el comité de dirección ha decidido que a partir de ahora usted asumirá las funciones del pobre Simonetti, que como ya debe usted saber falleció el otro día de un ataque al corazón. Es usted, a partir de este momento, jefe de mantenimiento de toda la maquinaria de la empresa».

A Manel le temblaban ya las piernas cuando le empezaron a sudar las manos. Era consciente de lo que esto podía representar en su vida, y no únicamente en el aspecto económico, sino también para él mismo. Y así fue, pues el ascenso le permitió tener acceso a cosas de las que hasta entonces solo había oído hablar. No pasó mucho tiempo antes de que Manel llegara un día a casa con una lavadora. Todos lo festejaron muchísimo y, claro está, muy especialmente Mónica. El país iba mejorando en su economía. Ahora había más familias que podían adquirir más cosas. Y a casa de Mónica y Manel llegaron el televisor, el lavavajillas y, uno tras otro, toda suerte de artilugios que hacían la vida más cómoda.

En los años siguientes los hijos también prosperaron y aumentaron sus ingresos, y lo mismo hicieron los hijos de estos, por lo que pudieron acceder a una mayor y más variada gama de productos. Hoy en día sus ocho nietos disponen todos de teléfono móvil, de conexión a Internet, de televisor, en algunos casos en su propio dormitorio, de una o varias consolas de videojuegos y de posibilidades para acceder a múltiples y diversas actividades lúdicas. Tanto Manel y Mónica como sus hijos siguen sintiéndose bien cuando proporcionan más y más «golosinas» a sus descendientes. Se sienten satisfechos doblemente: por poder hacerlo, como quien llena la nevera, y por ver lo contentos que están los menores, aunque sea por unos instantes.

En los últimos años se ha producido un importante cambio en la vida de la mayoría de los ciudadanos de los llamados países desarrollados. Pero aunque es cierto que un mayor poder adquisitivo conlleva mayores niveles de satisfacción vital, está demostrado que se puede llegar a un nivel donde ni la satisfacción ni la seguridad ni la felicidad mejoran con mayores ingresos económicos. Por otra parte, este cambio propicia el acceso al consumo casi ilimitado y sin relación con el esfuerzo; de este modo hacemos desaparecer una buena parte de la motivación ante el esfuerzo.

LA UNIVERSAL LEY DEL MÍNIMO ESFUERZO

> Necesito mil razones para hacer un esfuerzo, aunque solo una pequeña excusa para no hacerlo.
>
> HÉCTOR (veinte años)

Todos los seres vivos tendemos a evitar el gasto de la energía propia. Cuando nos referimos a ciertos niños, niñas y jóvenes como personas regidas por la ley del «mínimo esfuerzo» debemos reconocer que se trata de una afirmación cierta en todos los casos, pues es aplicable a todos los seres humanos. Todos tenemos tendencia a evitar esfuerzos. Probablemente se podría extender esta afirmación, como mínimo, a otros animales. Así, estudiosos del tema de la Universidad de Extremadura han observado a diversas aves migratorias procedentes de Europa que, en determinadas épocas del año, se dirigen al continente africano en busca de climas más favorables y se acaban instalando en Sudáfrica. Curiosamente, según observaron estos científicos, el recorrido que siguen las aves para llegar a su destino no es el camino más corto. Se desplazan de España a Brasil y de ahí a su destino africano. Es decir, cruzan dos veces el océano Atlántico. La explicación de tal circunstancia se encuentra en el hecho de que las aves viajan buscando vientos favorables que les ayudan a evitar o minimizar el esfuerzo, es decir, a tener un menor desgaste energético.

Desde la aparición de los seres humanos sobre la Tierra ha sido una constante el ahorro de energía corporal, debido a la incerteza respecto a las nuevas oportunidades de volver a ingerir alimento. Podemos encontrar infinidad de ejemplos en la vida cotidiana de esos intentos de evitar el gasto energético. Veamos alguno de ellos. Cuando nos proponemos realizar algunos ejercicios gimnásticos, antes de llegar a la mitad de lo que nos hemos marcado estamos pensando ya en abandonar, si no lo hemos hecho ya. O lo que nos ocurre cuando estamos a dieta: nuestra mente se llena de pensamientos destinados a justificar el abandono de la misma. O cuando uno intenta dejar de fumar: lo fácil que es recaer ante pensamientos intrusos e involuntarios que nos justifican si abandonamos el esfuerzo. Son solo algunos ejemplos.

Todos los seres humanos tenemos
tendencia a evitar el esfuerzo.

Hay que reconocer que muchas veces evitar esfuerzos innecesarios nos lleva a una mayor productividad. Me propongo realizar una tarea manual y al principio voy resolviendo la cuestión pasando de un elemento a otro. Pero transcurrido un tiempo me doy cuenta de que si dispongo los elementos juntos, de una sola vez puedo resolver cinco cuestiones diferentes. Es posible que posteriormente vea la manera de juntar los elementos de diez en diez. El ahorro de esfuerzo me lleva a la mejora de la productividad y de la eficacia. Somos seres del «mínimo esfuerzo».

Pero ser conscientes de este hecho nos puede permitir corregir sus consecuencias negativas, puesto que a menudo evitar esfuerzos no es lo más conveniente. Nos lleva a tener una actitud hedonista, a la busca y captura del beneficio más inmediato, en contraposición con la actitud mentalmente más positiva que, ante el esfuerzo, nos suele proporcionar sentimientos de satisfacción.

En el terreno educativo de padres o educadores, dejarse llevar por ese principio del mínimo esfuerzo es una constante en muchos hogares y aulas, con el agravante de la autodisculpa fundada en el cansancio o la falta de tiempo, aun a sabiendas del precio que habrá que pagar. ¡Cuántas veces realizamos la tarea educativa sometidos al «principio» de evitar esfuerzos! Por ejemplo, recoger el desorden de la casa nos lleva unos minutos, mientras que enseñar a los menores el hábito de recoger nos supone mucho más tiempo y energías, y con tal de ahorrar en este aspecto evitamos el esfuerzo. Son numerosos los padres que en la consulta nos reconocen que, aunque el niño «ya tiene edad de vestirse solo, lo vestimos nosotros porque vamos más rápido y nos cuesta menos».

UNA ASIGNATURA DIFÍCIL

> Nuestra recompensa se encuentra en el esfuerzo y no en el resultado.
>
> MAHATMA GANDHI

Uno de los objetivos prioritarios, tanto en la educación de los menores como en nuestro propio progreso personal, es precisamente la mejora de nuestra habilidad para controlar nuestra conducta. Es decir, nuestra capacidad para llevar a término los objetivos que nos marcamos. Esto hace referencia a dos aspectos complementarios; a saber: la cantidad de propósitos y la calidad del cumplimiento. En algunas ocasiones importantes para nuestra vida nuestro autocontrol de conducta es insuficiente.

¿Cómo es posible que seamos capaces de conseguir que la práctica totalidad de los niños aguanten horas y horas de clase todos los días, y al mismo tiempo seamos incapaces de conseguir que estudien con cierto hábito? La respuesta hay que buscarla en las diferencias cognitivas, conductuales y emocionales que establecemos. En primer lugar, en el caso de la asistencia a clase establecemos un principio de obligatoriedad, una idea de obligado cumplimiento, mientras que esa idea no se suele dar ante el estudio. Ahí, además, solemos enseñar dos ideas erróneas. La primera es la que se expresa con la frase «hay que ponerse a hacer los deberes», en lugar de «ponerse a estudiar» con el fin de adquirir un correcto hábito de trabajo, concentración y estudio, puesto que el estudiante debe estudiar y no solo «hacer deberes». La segunda idea errónea la transmitimos cuando exigimos el esfuerzo a fin de «aprobar los exámenes o el curso», en vez de aplicar el esfuerzo a la finalidad de «aprender», que es la razón por la cual realmente hay que estudiar. Muchas veces se oye argumentar a bastantes jóvenes aquello de: «Si ya apruebo, ¿por qué he de estudiar?». En cualquier caso, el hecho de aprobar debería ser una consecuencia y no una finalidad.

Entre las diferencias que observamos entre el buen cumplimiento de la asistencia a clase y el déficit mayoritario en la adquisición de un hábito de estudio adecuado, también se halla la cuestión de los horarios. En el caso de la asistencia a clase establecemos un claro horario de inicio y final, mientras que ante el estudio este aspecto suele quedar en el aire, en el puro condicional «deberías». El esfuerzo, si es aplazable, se suele aplazar.

Sin duda alguna, una de las principales causas del déficit en los hábitos de estudio es el elevado consumo de sustancias estupefacientes entre la población adolescente. La permisividad social existente se basa en un grave desconocimiento de los efectos perjudiciales de este consumo en campos como la atención y la memoria, el nivel de ansiedad y el estado de ánimo, entre otros muchos. No es objetivo de este capítulo entrar en mayores disquisiciones sobre esta cuestión, aunque sí es importante recordar esta circunstancia cuando hacemos referencia al rendimiento académico. En este sentido, es importante recordar que el nuestro es uno de los países de mayor consumo de sustancias estupefacientes en estas edades.

Las diferencias en el terreno perceptivo-emocional son también notables e importantes. La asistencia a clase se considera una actividad obligatoria e ineludible. Pero el estudiante con frecuencia se enfrenta a la tarea de ponerse a estudiar con la idea de que tener que hacerlo es, en el mejor de los casos, un «palo», una desgracia que se debe aceptar con más o menos resignación. Deberíamos enseñar al menor a que se plantee el esfuerzo como una manera de llegar a un sentimiento de autoeficacia, de que casi todo lo importante acostumbra a nacer del esfuerzo, del compromiso con uno mismo y con los otros seres humanos.

Pero aún hay más. En este terreno perceptivo-emocional deberíamos aprender y enseñar a generar y observar sentimientos de satisfacción personal mientras se realiza el esfuerzo y al finalizar la tarea. Así, por ejemplo, mientras los menores están estudiando, padres o profesores, acercándose a ellos, podrían establecer el siguiente diálogo:

—Ahora que estás en pleno esfuerzo, ¿cómo te sientes?

Muy probablemente el menor responderá:

—¡Aburrido!

—Aunque satisfecho, ¿verdad? —podría insinuar el adulto.

—¡No, aburrido! —se reafirmará el estudiante.

—¿Y no te sientes satisfecho de tu esfuerzo? —insiste el interlocutor, evitando discutir sobre el aburrimiento. En vistas de la situación, el adulto podría llegar a una solución de consenso.

—Bueno, ¿qué te parece si lo definimos como «aburridamente satisfecho»?

Es de vital importancia enseñar a sentirse satisfecho y contento con uno mismo por el esfuerzo que se está llevando a cabo o que se acaba de realizar. Para una mejor constancia en el esfuerzo es importante saber discernir entre lo que *divierte* y lo que *conviene* para sentirse mejor. Se puede enseñar que «tener que esforzarse no solo no es un castigo o una maldición», sino que «es la oportunidad de hacer algo y así poder sentirse satisfecho». O sea, proporcionar una recompensa positiva, no el mero cumplimiento de un objetivo obligado. Se trata de pasar de una percepción negativa ante el esfuerzo a observar y generar sentimientos de satisfacción personal. Un buen ejercicio ante los menores por parte de los adultos consiste en referirse al propio grado de bienestar tras el esfuerzo realizado. «A pesar de que me ha costado un poco, me siento muy bien después de haber hecho este esfuerzo».

VENCER LA PEREZA Y LA IMPULSIVIDAD

> El secreto de la felicidad está en no esforzarse por el placer, sino en encontrar el placer en el esfuerzo.
>
> ANDRÉ GIDE

Rosend y Mireia eran padres de tres hijos varones, y a menudo se las veían y deseaban para conseguir que sus hijos cumplimentaran las tareas escolares. Este es uno de sus diálogos habituales:

—¿Ya has hecho los deberes, Quim? —inquiere el padre al hijo mayor.

—Hoy no me han puesto —le responde este.

—Y tú, Sergi, ¿ya has hecho los tuyos? —interroga el padre dirigiéndose al mediano.

—Hoy he tenido un examen y lo he aprobado. Además, los deberes que tengo no son para mañana. Así que ya los haré otro día.

—Y tú tampoco tienes nada qué hacer, ¿verdad? —le increpa al menor de los hijos.

La respuesta es la habitual:

—Ahora estoy cansado, luego los haré.

Rosend se siente abatido, incapaz de conseguir que sus hijos se esfuercen, que comprendan lo importante que es para ellos que estudien. Les ha explicado en diversas ocasiones y de mil maneras que el día de mañana se van a tener que ganar la vida ellos solos, y no sabe cómo conseguir que sus hijos piensen en el futuro. Ya se ha referido en diversas ocasiones a que tanto él como su madre no estarán eternamente en este mundo para sacarles las castañas del fuego.

—Hijos, deberíais de esforzaros más. Ya sois mayores y deberíais ser más responsables. Cada día estamos en las mismas y así no vamos a ninguna parte —les decía con frecuencia.

Algunas veces apelaba a la fuerza de voluntad.

—Debéis tener más fuerza de voluntad. Pensad qué sería de esta familia si ni vuestra madre ni yo fuéramos responsables y no tuviéramos fuerza de voluntad.

Nos podemos imaginar la cara que se le puso al pobre padre cuando en una ocasión Quim, después de revisar sus bolsillos, le confesó con rotundidad y convicción que él la fuerza de voluntad ni la encontraba ni la tenía. Le preguntó a su padre:

—¿Dónde la busco?

¿Qué hacer entonces? La situación era harto embarazosa. Rosend estaba pensando cómo responder cuando Quim prosiguió:

—La verdad es que el día de mañana está muy lejos. Además, yo creo que si solo fuera por el día de mañana, vosotros tampoco tendríais fuerza de voluntad. Por otro lado, *si yo obtuviera los mismos beneficios* que vosotros, también tendría fuerza de voluntad.

En su interior Rosend reconocía que era cierto que, tanto él como Mireia se sentían útiles mediante su esfuerzo en el trabajo, y ese era un sentimiento que muy probablemente no sentían los estudiantes. También, gracias a su trabajo, obtenían cierto prestigio en su ámbito profesional y reconocimiento social. Además, se sentían bien por poder pagar la hipoteca, ir de vacaciones y cenar todas las noches, y se consideraban unos buenos padres por poder ofrecer todo lo que ofrecían a sus hijos. En su reflexión, Rosend también atinó en observar que gracias a su esfuerzo en el trabajo evitaban un montón de miserias, como que los desahuciaran por no poder pagar la hipoteca o ver que los hijos pasaban hambre.

Es evidente que Rosend estaba actuando con la mejor buena fe, puesto que lo estaba haciendo lo mejor que sabía. Estaba intentando que sus hijos mejorasen su actitud y su esfuerzo ante los estudios, y usaba los mismos argumentos que sus padres utilizaron con él y sus tres hermanas. Rosend era consciente de que si en tres días no se presentaba en el trabajo, sería despedido. Entonces perdería todos los beneficios de su esfuerzo. También su autoestima se iría por los suelos y perdería un buen motivo cotidiano para sentirse útil. ¡No veas, lo satisfechos que están ambos padres de haber podido pagar la factura de la intervención quirúrgica que tuvieron que efectuar a Sergi!

La conclusión que sacaron Rosend y Mireia es que sus hijos necesitaban una mayor motivación ante el esfuerzo, en lugar de discursos vacíos de contenido eficaz. En todo caso, de estas repetidas situaciones, de los discursos tan habituales como poco eficaces, se suelen derivar otras consecuencias, como veremos a continuación.

LOS EFECTOS DEL FRACASO CONTINUADO

> Solo una cosa vuelve un sueño imposible: el miedo a fracasar.
>
> PAULO COELHO

Neus es una muy eficiente profesora de secundaria. Es licenciada en ciencias exactas y da clases de matemáticas a alumnos de cuarto de ESO. Este curso había observado que muchos de sus alumnos tenían un pobre concepto de sí mismos. Estaban siempre pendientes de lo que los demás decían de ellos o de lo que creían que dirían sus compañeros y compañeras. Sin duda tenían un enorme miedo a no ser de su agrado. Su preocupación era tal que todo su estado de ánimo dependía de estos pensamientos. Con frecuencia, Neus observaba que sus alumnos sufrían en silencio por la gran inseguridad en sus propias posibilidades; en muchas ocasiones, los veía abrumados por el absoluto convencimiento de su total incapacidad. Preocupada, decidió entrar en acción y propuso a sus alumnos el siguiente ejercicio:

—Coged un bolígrafo y un papel en blanco. Fijaos bien. Ante vosotros tenéis tres papeles en blanco. Cuando yo os diga voltearéis la primera hoja, la de vuestra izquierda. Encontraréis unas letras que no tienen sentido. Con estas letras debéis componer una palabra con sentido, de esas que están en los diccionarios. En cuanto tengáis la palabra escrita en vuestro papel en blanco, levantáis la mano, dejando el papel con las tres palabras, de nuevo boca abajo. Ahora, podéis empezar con la primera palabra.

Casi la totalidad de los alumnos situados a la derecha de Neus levantaron rápidamente la mano, mientras que los de la izquierda permanecían callados y pensativos.

—Ahora, podéis proceder con la segunda palabra y recordad levantar la mano en cuanto tengáis resuelta la cuestión. Dejad, otra vez, las hojas de las tres palabras boca abajo.

De nuevo, casi todos los estudiantes de la derecha levantaron la mano con rapidez, mientras los de la izquierda permanecían sin resolver la cuestión y con caras de preocupación.

—Podéis proceder con la tercera palabra.

Casi todos los alumnos de la parte derecha del aula levantaron su mano, mientras que muy pocos de la izquierda lo hicieron. Neus se dirigió a sus alumnos:

—Pido perdón a los alumnos de mi izquierda. Las tres palabras de los de la derecha tienen solución, mientras que las dos primeras palabras de los de la izquierda no tienen solución. Era una tarea imposible, pues no se puede formar ninguna palabra con sentido con esas letras. Pido disculpas porque la intención no es tomar el pelo a nadie. Ahora os lo explico. Los de la izquierda, ¿me podéis decir cómo os habéis sentido al ver que vuestros compañeros levantaban la mano y vosotros lo lograbais resolver el problema?

«Me he sentido tonto», dijo uno; «estúpida», dijo otra; «apurada», «frustrado» o «confundido» fueron algunas otras de las definiciones emocionales que se expresaron. Intervino de nuevo la profesora:

—El hecho es que la tercera palabra ha sido la misma para toda la clase, aunque solo unos pocos de la izquierda han dado con la solución. Así pues, *¿por qué los de la izquierda habéis tenido tantos problemas en dar con la solución de la tercera palabra?*

Las respuestas fueron todas en la misma dirección: «A

la tercera ya había perdido la confianza en mí mismo»; «Estaba convencida de que no lo sabría resolver»; «Pensaba que no era necesario que me esforzara, pues no lo iba a conseguir», etc. Este es un fenómeno que los psicólogos llamamos «indefensión aprendida».

Cuando este hecho es una cuestión puntual, como se observa en este ejemplo, puede afectar de forma absoluta una actuación concreta. Pero si esta circunstancia se produce de forma casi sistemática, la baja confianza en uno mismo y la pobre autoestima son la tónica general en la vida de los seres humanos. *Esto es exactamente lo que ocurre como consecuencia de una educación basada en señalar errores, evidenciar fracasos y remarcar culpas y culpables.*

FIJAR LA ATENCIÓN EN LOS ASPECTOS POSITIVOS

> Todo parece imposible hasta que se hace.
>
> NELSON MANDELA

Popularmente, a las personas de la tercera edad se las conoce como los «si no fuera», en referencia al hecho de que con frecuencia las personas de avanzada edad suelen definir su estado diciendo que «si no fuera» por ciertos dolores, dolencias o limitaciones estarían mucho mejor. Es curioso observar que este hecho no es exclusivo de los ancianos. Son muchísimos los padres y profesores, es decir, los adultos que utilizan las mismas palabras para referirse a sus menores. Esta es la visión negativa del hijo o del alumno, que centra la atención en lo que no es, no tiene o no hace. Sin duda, no se está centrando la valoración del otro en lo positivo o, en todo caso, en lo que como adultos debemos enseñar.

Cuando comunicamos, no solo transmitimos un mensaje. Mediante nuestras palabras enseñamos a pensar y es de vital importancia que enseñemos a pensar bien y, más aun, cuando al menor le enseñamos a pensar en sí mismo. A pensar en:

- Sus habilidades y competencias personales.
- Sus posibilidades de cambio.
- Su capacidad para dirigir su vida.
- Su libertad en educar y gestionar sus emociones.
- Su capacidad para adaptarse a lo que no puede cambiar.
- Su humildad para ser capaz de aprender.
- Su autoaceptación como ser humano con todas sus imperfecciones.

LO QUE SOMOS O LO QUE AÚN NO SABEMOS

> No evitéis a vuestros hijos las dificultades de la vida, enseñarles *más bien a superarlas.*
>
> LOUIS PASTEUR

Es práctica habitual observar el comportamiento, propio o ajeno, y definir problemas y dificultades en función de lo que somos, o de la causa o motivo del porqué somos de esa u otra manera. Aunque nuestros principales problemas no se derivan de lo que somos o de sus causas. En un niño inquieto su problema no reside en la propia inquietud, ni en las causas que hayan podido generar esa inquietud. Si bien es cierto que si somos de alguna manera es por algún motivo, conviene tener presente que el problema no reside ahí. Obviamente somos como somos por algún o algunos motivos, ¡faltaría más! Lo cierto es que los problemas o las dificultades que experimentamos los seres humanos residen principalmente en lo que no sabemos, no tanto en lo que somos o en por qué lo somos. El inquieto, el charlatán, el mentiroso o el excesivamente ansioso lo son por no saber estarse quieto, no saber callar y escuchar, no saber actuar con honestidad y no saber empatizar o no saber controlar la ansiedad excesiva.

Recordará el lector que en el capítulo 2 hicimos referencia al nefasto hábito de convertir la vida en un juicio permanente. De ahí, también, la tendencia a fijar la atención en lo que somos y no en lo que no sabemos y podemos aprender, que es precisamente donde radican nuestros problemas. Si cambiamos el foco de atención desde lo que somos a lo que no sabemos, obtendremos un doble beneficio: seremos capaces de no juzgar y adquiriremos una visión muy aproximada de qué debemos enseñar a nuestro hijo o alumno.

Con frecuencia se suelen definir comportamientos mediante frases descalificadoras o culpabilizadoras que únicamente llevan a la condena. Frases como:

«A este chico lo que le pasa es que es un vago...», o

«Lo que ocurre es que no es capaz de...», o

«El problema de este niño es que es igual que su abuelo, que no le gustaba nada esforzarse por nada...», o

«Este chico podría hacer más, y si no lo hace es porque no quiere, puesto que capacidad no le falta».

En fin, siempre será más certero y útil observar qué es lo que el menor no sabe, y percatarse de que aprenderlo y practicarlo quizás pueda ayudarlo a mejorar su constancia en el esfuerzo.

POR DÓNDE EMPEZAR

> Lo que con mucho trabajo se adquiere, más se ama.
>
> ARISTÓTELES

Ante esa tendencia de los seres humanos a evitar el esfuerzo y ante la necesidad de mejorar nuestra autoeficacia, en primer lugar, debemos establecer un orden de prioridades. Es decir, describir la lista de actividades que deseamos realizar y plasmarlas en un horario o calendario.

Esfuerzo sin horario, esfuerzo aplazado.

En este sentido la escuela puede y debe ejercer un papel básico y de paso servir de ayuda en el ejercicio de los padres. Cada dos por tres se escuchan voces a favor y en contra de poner deberes a los niños, y se ofrecen ventajas y desventajas de lo uno y de lo otro. Sin embargo, el trabajo personal, se haga en casa, en la biblioteca o en la escuela, debe servir para establecer unos hábitos de esfuerzo. Si un niño se acostumbra desde pequeño, vamos a poner a los seis años, a *estudiar* cada día laborable un tiempo, vamos a poner quince minutos, cuando durante el siguiente curso este tiempo se vaya ampliando hasta media hora, después de todo un curso el esfuerzo necesario será menor. Y si de curso en curso se aumenta el tiempo dedicado a *estudiar*, estaremos en línea con el objetivo perseguido.

En segundo lugar, es importante tener preparada la mente para centrarse en el momento de iniciar la actividad. Decíamos que en esos instantes es sumamente frecuente que, de forma absolutamente involuntaria, nos vengan a la cabeza pensamientos e ideas destinados a evitar aquello que nos cuesta. Conviene sustituir estos pensamientos por otros que nos empujen a la acción. La idea de que mediante el esfuerzo obtenemos un mayor sentimiento de satisfacción es la que debe predominar. La percepción de autosatisfacción es de gran ayuda para la realización de nuestros propósitos, en la misma medida que los pensamientos o excusas involuntarias son desactivadores.

Invertir nuestra inicial inclinación por el beneficio inmediato pasa por dos ideas básicas. La primera es que nuestra vida depende en gran medida de nosotros mismos. La segunda es que debemos aprender a anteponer la satisfacción a la diversión. Es decir, debemos tener claro que ante el objetivo del bienestar, casi siempre nos conduce mejor hasta él el sentimiento de satisfacción que el del beneficio inmediato. O lo que es lo mismo, hemos de aprender a pensar y hacer lo que *es más conveniente* para nuestro objetivo. Así pues, los pasos que hay que seguir son los siguientes:

1. Establecer unos horarios bien definidos en el tiempo.
2. Reconocer la diferencia entre lo que nos apetece y nos agrada y lo que nos conviene. Satisfacción frente a diversión.
3. Sustituir los pensamientos involuntarios desactivadores, tipo «es un palo» o «no soporto tener que ponerme a estudiar» o «vaya aburrimiento», por otros

positivos previamente previstos, tales como «luego me sentiré satisfecho» o «aprenderé que es lo que yo quiero, y me sentiré bien».

4. Tanto en el momento de iniciar la acción como durante y posteriormente, dirigir la atención a aquello que resulta más conveniente para nuestro objetivo de bienestar emocional.
5. Ante lo que supone un esfuerzo generarse sentimientos de autosatisfacción.

Todo lo importante nace del esfuerzo,
del compromiso con uno mismo
y con los otros seres humanos.

MOTIVARSE Y MOTIVAR

> Solo serás un verdadero profesional si aprendes a hacer cosas cuando no te apetece.
>
> TONY SCHWARTZ

A lo largo de este capítulo hemos hecho referencia a la necesidad de mejorar la constancia en el esfuerzo, a fin de conseguir una mejor percepción de la propia utilidad personal, de autoeficacia y de autoestima. Es evidente que no basta la sola exigencia, ya sea interna, por parte de uno mismo, o externa, por parte de padres y profesores. Como tampoco lo es el discurso, que en estos casos tiene tan poca eficacia como en el caso de las zapatillas en el comedor. Poner de relieve los distintos «fracasos» no conduce más que a una mayor sensación de incapacidad y de baja autoestima. Incluso el propio convencimiento de la necesidad del esfuerzo puede no ser suficiente para lograr la continuidad en el mismo. Lo que sin duda nos lleva a mantener un esfuerzo sostenido en el tiempo son las consecuencias, tanto para el logro de efectos positivos como para evitar los negativos. Pero las consecuencias nos enseñan si están bien definidas y ubicadas en el tiempo y en el espacio. Veamos un ejemplo:

Marta era una madre atribulada con sus dos hijos, Cesc y Martí. Se peleaban muy a menudo y con frecuencia ella perdía el control ante los gritos e insultos que se proferían. Se pasaban la mayor parte del día diciendo palabrotas y comportándose groseramente. Había probado toda suerte de estrategias para acabar con esta situación, pero no conseguía sino empeorar las cosas.

Los padres de Cesc y Martí se habían separado hacía cuatro años. Los niños tenían por aquel entonces diez y ocho años respectivamente; cada quince días iban a casa de su padre y después del fin de semana volvían comportándose peor que cuando se habían ido. Tanto era así que cada vez que los niños se ausentaban Marta se angustiaba, sobre todo cuando iban con su padre a pasar unos días de vacaciones. En su desespero, le comentó sus angustias a una amiga, que a su vez le recomendó que consultara a un psicólogo de su confianza. Ante el relato que Marta le expuso, el psicólogo quiso averiguar más detalles:

—¿En qué momento del día dicen más palabrotas? —preguntó el terapeuta.

—Es un continuo. Desde que se levantan de la cama. Por ejemplo, ya en el desayuno no paran de decir barbaridades.

El psicólogo empezó su lista de recomendaciones:

—Mire, señora, para empezar, en el transcurso del desayuno lo que debe hacer es echar de la mesa al primero que suelte un taco. Es importante que previamente les informe de cómo irá la cosa y después cumpla con lo que ha dicho. Recuerde que no debe dar más explicaciones ni más advertencias. Al primero que diga una palabrota, lo echa de la mesa.

Marta se armó de valor y llegó a casa convencida de llevar a cabo lo que el psicólogo le había aconsejado. A la mañana siguiente, los tres se sentaron a desayunar, cuando casi sin tiempo para que Marta ocupara su silla Cesc, dirigiéndose a su hermano, dijo:

—¿Me quieres pasar los putos cereales?

Marta saltó como impulsada por un resorte:

—¡Cesc, fuera de la mesa! ¡Tu desayuno ha acabado por hoy!

Y dirigiéndose a Martí le preguntó:

—Y tú, ¿qué quieres?

El hijo menor respondió todo convencido:

—Yo... cualquier cosa menos los putos cereales.

Sirva, pues, esta historia a modo de ejemplo. Los seres humanos aprendemos de las consecuencias siempre que estas:

- Obviamente, se produzcan posteriormente a la conducta por modificar.
- Estén previamente anunciadas y sean debidamente explicadas.
- Sean suficientemente positivas y hayan demostrado su eficacia.
- Se produzcan sin venir acompañadas de otras consecuencias.

Este último aspecto lo ilustra muy claramente el caso de Josefina. Vivía la mujer con Ramón, su nieto, un niño de nueve años de edad. Los padres del menor habían fallecido en un accidente de tráfico y Ramón había quedado a su cargo. Ella llevaba tiempo intentando que el niño se acostumbrara a poner la mesa mientras ella acababa de hacer la cena. Como no conseguía su propósito, se lo comentó a su psicólogo:

—Josefina, creo que te iría bien que pusieras unas consecuencias adecuadas. Es decir, que Ramón pueda ganarse el derecho de jugar un rato con algún videojuego si a las nueve de la noche tiene correctamente puesta la mesa —fue el consejo que le dio el terapeuta.

—Supongo que podrá ser eficaz, porque a Ramón le encantan los videojuegos.

Josefina salió muy decidida a poner en práctica el consejo que le había dado su psicólogo. Pasaron unos cuantos días antes de que volviera a la consulta.

—Lo que me recomendó no me ha funcionado —empezó diciendo Josefina—. *Únicamente funcionó el primer día. ¡Y mira que le gustan los videojuegos! No ha habido manera de que pusiera la mesa.*

—Josefina, ¿tenía Ramón claras las instrucciones y las consecuencias, tanto si cumplía con las instrucciones como si no? —preguntó el psicólogo.

—Mire si lo tiene claro que al ver que no tenía puesta la mesa, cada día a las nueve y cinco minutos, lo siento en mi regazo, le explico la situación y le dejo bien claro que no se ha ganado el poder jugar con la máquina. Le hago ver que lleva muchos días sin ella y que si mañana quiere jugar ya sabe que debe tener la mesa bien puesta a las nueve.

—¿No será que a Ramón le gusta más estar diez minutos en su regazo con toda su atención que jugar a los videojuegos? —terció el terapeuta.

Para que las consecuencias tengan eficacia es importante que se cumplan las condiciones apuntadas, no vaya a ocurrir lo que les sucedió a muchos niños de mediados del siglo pasado a los que les pusieron chichoneras para evitar que se golpearan la cabeza y, ¡a los diez años de edad aún no se habían percatado de que con los cantos y las paredes podían hacerse daño!

Ya hemos hecho referencia con anterioridad al hecho de que los seres humanos necesitamos sentirnos aceptados, valorados, estimados, respetados y ayudados. Los mayores y los menores: todos. Es importante tenerlo presente. En el caso de los niños y adolescentes, por otro lado, a partir de ciertos mínimos debemos permitirles que se ganen, mediante su esfuerzo, todo aquello a lo que desean acceder y que, como sus mayores que somos, nos parezca adecuado. Siempre bajo el más riguroso respeto, se les debe permitir que accedan a ciertos beneficios o privilegios en función de su comportamiento. No es de recibo permitir a alguien el acceso a todo o casi todo aquello que le resulta gratificante, es decir, aquello que le representa un elemento motivante y, luego pedirle que realice esfuerzos y se mantenga constante en ellos apelando a la supuesta existencia de una «fuerza de voluntad».

Para la aplicación de las consecuencias también deben tenerse en cuenta algunos aspectos absolutamente imprescindibles para facilitar la motivación. A saber:

1. Lo que se requiere del menor ha de ser realista, ha de estar dentro de sus posibilidades.

2. Se debe acceder al beneficio con posteridad al esfuerzo. Nunca antes. Debe ser consecuente y no antecedente.
3. El beneficio debe haber demostrado ser «suficiente» y no solo ser un beneficio «supuesto».
4. La consecuencia debe ser lo más inmediata posible, tras haberse realizado el esfuerzo.
5. Siempre se debe cumplir con lo pactado.
6. Debe llevarse a cabo sin la presencia de ninguna otra consecuencia.

A MODO DE RESUMEN

La mejora en el autocontrol de la conducta también pasa, en gran parte, por la mejora en la constancia en el esfuerzo. En este capítulo se han comentado diferentes aspectos acerca de cómo hoy en día se plantea la cuestión y se abordan estrategias para mejorar la capacidad de esforzarnos, teniendo en cuenta la tendencia que los seres humanos tenemos de evitar todo aquel esfuerzo que no nos parezca imprescindible. Se ha puesto sobre la mesa la necesidad de no calificar en función de lo que hacemos o no hacemos, y sí de lo que no sabemos, pues este es el camino para la mejora de la actitud ante el esfuerzo y para evitar los inútiles y negativos epítetos descalificadores.

6

CONVIVIENDO CON EMPATÍA

LA EMPATÍA

> El gran don de los seres humanos es el poder de la empatía.
>
> MERYL STREEP

El concepto de empatía debe entenderse más allá del conocido «ponerse en el lugar de los demás». La empatía es la habilidad, la sensibilidad de tener presentes las emociones, sentimientos y necesidades de los demás. La empatía es aquel valor, aquella práctica imprescindible para la convivencia que nos permite el autocontrol ante los demás. Ha sido histórico el uso del miedo para conseguir comportamientos respetuosos. Hoy sabemos que no es un buen elemento educativo. Lo que nos debe ayudar a controlarnos y a respetar debe ser la práctica de la empatía.

La empatía es una habilidad consustancial a los seres humanos en mayor o menor medida y, por tanto, todos tenemos la posibilidad de aprender a ser más empáticos. Ya desde los primeros meses de vida se pueden expresar conductas empáticas. La empatía es el valor por excelencia en cualquier tipo de relación entre seres humanos, ya que su práctica implica también respeto, tolerancia y honestidad, y fomenta la solidaridad, la cooperación y la confianza. Sin duda es un gran antídoto de la corrupción. Las capacidades empáticas son necesarias para la convivencia basada en la estimación y el respeto. La empatía es la habilidad que nos ayuda a controlar el egoísmo y la agresividad, aspectos ambos consustanciales con el ser humano. Las habilidades empáticas son necesarias, también, para el trabajo cooperativo. Están estrechamente interrelacionadas con la autoestima y se relacionan directamente con la competencia social y ciudadana, y con la competencia lingüística.

Así pues, la empatía se puede dar en todas las personas en mayor o menor grado y en aspectos que podemos desarrollar y potenciar, como la solidaridad, el miedo o el amor. Todos nacemos con la posibilidad de desplegar la habilidad empática. Los padres son los que cubren las necesidades efectivas de los hijos y los que les enseñan no solo a expresar los propios sentimientos, sino también a descubrir y comprender a los demás. Si los padres no saben mostrar afecto y comprender lo que sienten y necesitan los hijos, estos no aprenderán a expresar emociones propias y, por consiguiente, no sabrán interpretar y sentir las ajenas. De ahí la importancia de una buena comunicación emocional en la familia desde el principio.

Entra un alumno nuevo al aula de niños de cinco años. Tiene un defecto en su oreja derecha, ya que le ha crecido de forma extraordinariamente anormal. Cuando los niños de la clase se percatan de ello casi todos se ponen a reír. En tales circunstancias, los adultos solemos juzgar y con frecuencia se oye decir: «¡Mira que pueden llegar a ser crueles los niños! ¡Mira que reírse del pobre chaval!». Evidentemente, los alumnos no se ríen del pequeño. Simplemente les puede hacer gracia una oreja de tamañas dimensiones. Es una cuestión de primitivismo: les hace gracia y se ríen. Cierto es que si en el aula hubieran únicamente personas adultas, solo unas pocas reirían. A veces los adultos hemos aprendido algo de empatía, solo un poco, ¡no se vayan ustedes a hacer muchas ilusiones! En ocasiones nos ayuda a aprender empatía el hecho de tener hijos. Un grupo de adolescentes ante una bandeja de bistecs: ¿quién se come el más apetitoso? Sin duda, el primero en escoger. Y, ¿quién se come el bistec menos apetecible? Casi siempre el último, claro. Imaginemos por un momento que esto ocurre en un grupo familiar. ¿Quién se lleva la mejor parte? Con frecuencia, alguno de los hijos, a veces el padre. ¿Quién se adjudica el bistec de peor aspecto? Con pocas excepciones, la madre, aunque algunas veces es el padre. En muchos casos el aprendizaje de la empatía por parte de los adultos se detiene ahí, con los hijos. Sin duda alguna, si en este mundo se practicara la empatía con mayor frecuencia, sería un mundo mejor. Una vez más se pone de manifiesto la necesidad de cambiar el mundo persona a persona.

La práctica de la empatía empieza
poniéndole nombre a lo que sentimos.

PRINCIPALES CARACTERÍSTICAS DE LA EMPATÍA

> Cuando el hombre se apiade de todas las criaturas vivientes, solo entonces será noble.
>
> BUDA

El concepto de empatía es relativamente nuevo, pues fue introducido por primera vez por el psicólogo alemán

Theodor Lipps en 1903: *Einfühlung*, que en alemán significa literalmente «un sentimiento en». Posteriormente, en 1909, el término fue acuñado en inglés como *Empathy* por el psicólogo Edward B. Titchener, en un intento de traducir la palabra alemana y el concepto de Lipps; *Empathy* proviene del griego antiguo, *empatheia*, que significaba afección, pasión. Finalmente, en Alemania se tradujo como *Empathie* y desde entonces este ha sido el término aceptado en psicología. Así pues, el concepto ha ido evolucionando y en la actualidad hace referencia a la capacidad de sentir o de comprender lo que el otro siente. La empatía implica una percepción y una comprensión del otro, pero no es necesario que se produzca una identificación con él. Uno puede comprender y percibir el sufrimiento ajeno sin que para ello sea imprescindible sufrir de forma idéntica.

La empatía implica no juzgar.

Un aspecto importante de la empatía es el deseo sincero y auténtico de comprender a la otra persona, sin esperar nada a cambio. Implica comprender y acoger las emociones, sentimientos, deseos y necesidades de los demás sin juzgarlos. Esa comprensión no implica estar de acuerdo o aprobar. En este sentido es importante observar la diferencia con el concepto de compasión. La palabra compasión proviene del latín *compassio* y significa «sufrir con». Implica que se tome partido y que se realicen juicios de valor, a diferencia de la empatía. La compasión está relacionada con el sufrimiento ajeno y, por tanto, con las emociones y sentimientos negativos, mientras que la empatía permite comprender también los positivos. En cualquier caso, el sentimiento de compasión puede ser un buen inicio para la práctica empática, aunque una compasión extremada lleva hacia otros derroteros, como la piedad y la conmiseración.

La compasión, al igual que las habilidades físicas y académicas, no es algo invariable y, por tanto, se puede mejorar con el entrenamiento y la práctica. Recientemente, un estudio realizado en la Universidad de Wisconsin-Madison ha demostrado que se han producido ciertas modificaciones en las regiones cerebrales implicadas en la regulación de las emociones, después de entrenar en la compasión a ciertos sujetos durante un período de siete horas. El entrenamiento en la compasión consistió en realizar ejercicios de meditación, visualizando por un momento a alguien que estaba sufriendo, y acompañándolos con frases que deseaban que su sufrimiento fuera aliviado.

Cuando los adultos, ya sean padres o profesores, enseñan con empatía a los hijos o alumnos, promueven un acercamiento emocional que mejora el aprendizaje del niño y su interés por aprender, además de ofrecer un modelo de empatía.

CÓMO APRENDER Y AYUDAR A LOS MENORES A MEJORAR SU EMPATÍA

> Si comprendiéramos, ya no podríamos juzgar.
>
> ANDRÉ MALRAUX

Los sujetos empáticos son menos agresivos con los demás y suelen expresar mejor sus sentimientos, lo que genera una mejor comunicación con sus padres, profesores y amigos. Estas son algunos métodos para ayudarles a desarrollar la empatía:

- Enséñeles a identificar las manifestaciones físicas de las emociones, tanto las positivas (sensación de plenitud, relajamiento corporal...) como las negativas (tensión en el estómago o espalda, sudoración, temblor...).
- Siempre que pueda hábleles de sus sentimientos, de los de ellos o de los de terceras personas, con cierta riqueza de vocabulario, tanto de sentimientos y emociones positivos como de los negativos, ya sea en presente, pasado o futuro.
- Enséñeles el sentimiento de compasión, en el buen sentido de hacerse cargo del sufrimiento de terceros, sin por ello generar piedad o conmiseración. La empatía no es compasión, aunque ambos conceptos se asemejen. La compasión implica ser sensible al sufrimiento ajeno y sentir el deseo de ayudar. No hay compasión sin empatía, por lo que el aprendizaje de la compasión contribuye a mejorar la habilidad empática.
- Ante la televisión, en un momento emotivo, detenga la imagen y pregúntele al menor qué cree que siente el personaje en ese momento. Sugiérale distintos sentimientos, con una riqueza de alternativas, e indúzcale a hablar de ello y a responder no solo *con un único sentimiento o emoción, o una sola palabra.*
- Haga algo similar leyéndole cuentos o cuando los lea él.
- Si tienen un bebé cercano (hermano, primo, hijo de vecinos), pídale que interactúe con él durante un

buen rato y que imagine qué trata de comunicar el bebé cuando gesticula, alza los brazos, gime o llora. La idea es que se ponga en su lugar y comprenda las necesidades del bebé. Hay estudios que demuestran la gran eficacia de este tipo de ejercicios con niños más pequeños, incluso si ya hablan, a la hora de mejorar la empatía.

- Si el menor ya sabe leer, puede colgar en la pared un póster con algunos de los sentimientos y emociones más frecuentes, ilustrados a ser posible.

Los estados de ánimo y las sensaciones placenteros son los considerados positivos, y aquellos asociados al sufrimiento y al dolor emocional, los aversivos, son los considerados negativos. Son, sin duda, todos ellos consustanciales con el género humano. La empatía permite comprender todas las emociones. Estos son algunos ejemplos de sentimientos y emociones:

- IRA: rabia, agresividad, enojo, resentimiento, cólera, furia, exasperación, indignación, acritud, animosidad, irritabilidad, hostilidad, rencor, tirria y, en caso extremo, odio.
- TRISTEZA: pena, desconsuelo, melancolía, autocompasión, desesperación, pesimismo, desaliento, soledad, desánimo, aflicción y, en casos patológicos, depresión.
- MIEDO: temor, ansiedad, tensión, preocupación, inseguridad, angustia, terror, inquietud, nerviosismo, incertidumbre, desasosiego, consternación, pavor y, en casos patológicos, fobia y pánico.
- ALEGRÍA: satisfacción, felicidad, tranquilidad, con-

tento, diversión, euforia, deleite, placer sensual, capricho, gozo, éxtasis y, en caso extremo, manía.
- AMOR: enamoramiento, aceptación, afinidad, adoración, devoción, confianza, cordialidad, afecto, ternura, cariño, pasión.
- SORPRESA: susto, desconcierto, admiración.
- AVERSIÓN: menosprecio, desdén, asco, repugnancia, disgusto, antipatía, desagrado, dolor.
- VERGÜENZA: culpa, remordimiento, humillación, perplejidad, aflicción, pesar, rubor, turbación, bochorno.

La empatía se mejora pensando y hablando de sentimientos y emociones, positivos y negativos, presentes, pasados o futuros, en primera, segunda o tercera persona.

CONSECUENCIAS DERIVADAS DE PRACTICAR LA EMPATÍA

> Casi todas las cosas buenas que suceden en el mundo nacen de una actitud de aprecio por los demás.
>
> DALÁI LAMA

Ser empático nos ayuda a mejorar como personas, nos facilita la relación con los otros seres humanos y nos permite mejorar nuestro nivel de bienestar y satisfacción.

- La práctica empática suele derivar en un mayor respeto hacia los demás y nos ayuda a mejorar la escucha activa, lo que nos permite ejercer una influencia positiva.

- Cuando comprendemos y nos sentimos comprendidos establecemos un clima de confianza que nos facilita la relación con los otros.
- Nos permite poder ayudar a los otros.
- Mediante la práctica mejoramos la habilidad empática, muy importante para el trato con los demás y esencial para establecer relaciones sanas.
- La práctica empática está fuertemente relacionada con la comunicación asertiva, por lo que nos ayuda a conseguir una comunicación más correcta.
- A todos nos satisface que los demás tengan una opinión favorable de nosotros. Sin duda, la práctica de las habilidades empáticas nos ayuda en este propósito.
- La empatía nos permite gestionar mejor emociones como la rabia, la cólera y la ira, así como un mayor control de la conducta agresiva o deshonesta.
- Pensamos y actuamos en función de nuestros sentimientos, emociones y necesidades, es decir, nos preocupamos solo por nosotros mismos, hasta que la práctica empática nos limita el egoísmo, llevándonos a tener presentes los sentimientos, emociones y necesidades de los demás.
- Nos facilita la comprensión del comportamiento ajeno. A nosotros, tan proclives, como ya hemos comentado en el capítulo 2, a juzgar y sentenciar, nos permite comprender los actos ajenos, puesto que todo comportamiento humano lleva implícita una alta carga emocional.
- La empatía es el punto de partida de toda auténtica comunicación, ya sea en las relaciones familiares, sociales y de pareja, o en las laborales, de cooperación, de trabajo en equipo.

- La empatía también puede ser una herramienta muy positiva en el trabajo con nosotros mismos. Cuando nos centramos en otra persona nos distanciamos de nuestras preocupaciones, lo cual nos ayuda a ver las cosas desde otro punto de vista más relativizador.
- Disponer de una adecuada habilidad empática facilita la conducta honesta. Es un auténtico antídoto de la corrupción y es la mayor vacuna contra la conducta deshonesta y la mentira.

La práctica de la empatía nos ayuda
a ser más felices.

DE LO QUE SE HABLA SE APRENDE

El que habla siembra, el que escucha recoge.

Proverbio japonés

Durante prácticamente toda la vida estamos en compañía de otras personas, ya sea en el trabajo, en casa o en cualquier otro lugar. Se ha dicho anteriormente que debemos cuestionar lo que pensamos, estar atentos a lo que nos viene a la cabeza y reestructurar lo que convenga para sentirnos mejor. Pero también es cierto que hemos de aprender a hablar mejor. Así pues, hay que mejorar la capacidad de comunicar más adecuadamente, aunque antes haya que aprender a pensar bien. Como en el caso de las zapatillas en el comedor, nuestra comunicación suele ser, en la mayoría de los casos, una suma de frases estereotipadas. Para una mejora de la comunicación, en primer lugar hay que empezar por la mejora de la escucha activa.

Escuchar mejor

> Se necesitan dos años para aprender a hablar y sesenta para aprender a callar.
>
> ERNEST HEMINGWAY

En mi trayecto matinal diario hacia el hospital me cruzaba cada día con un grupo de seis personas que, sentadas en la terraza de un bar, debatían cuestiones varias que debían ser muy importantes, pues era frecuente que tres o cuatro hablaran al mismo tiempo y con cierto apasionamiento. A menudo me preguntaba qué entenderían, los que no hablaban, de entre todo aquel guirigay. Un día lo comprendí, pues no tuve más remedio que detenerme ante el umbral del bar, al observar que ¡los seis estaban hablando al mismo tiempo! Obviamente nadie escuchaba y de nada servía lo que allí se decía. Sin duda, la necesidad de expresarse era superior al interés por aprender o comprender, e incluso a sabiendas de que nadie escuchaba lo que el otro decía.

Escuchar de verdad se basa en la *intención* de hacer una de las cuatro cosas siguientes:

1. Aprender algo.
2. Ayudar o consolar.
3. Entender a alguien.
4. Disfrutar con alguien.

La clave para escuchar realmente es desearlo realmente. Haciendo el esfuerzo de concentrarte y escuchar activamente, tu manera de escuchar mejorará en pocos días o semanas. Para mejorar nuestra escucha activa deberíamos esforzarnos atendiendo al mismo tiempo a ocho puntos básicos, a saber:

1. Escuchar lo que te dicen. Estar concentrado.
2. Establecer contacto visual.
3. Centrarse en entender qué te quieren decir. Comprender el mensaje.
4. Atender a los sentimientos y emociones que acompañan ese mensaje. Practicar la empatía.
5. Alentar el mensaje del emisor y no interrumpir.
6. No juzgar, ni prejuzgar.
7. Tener presente qué esperan de ti. Es decir, para qué lo dicen.
8. Tener claro qué debes hacer ante ese mensaje. Cómo actuar o responder convenientemente.

La escucha activa nos permite establecer un sentimiento de confianza con los otros.

Comunicar mejor

> Al decir algo, cuida que tus palabras no sean peores que tu silencio.
>
> *Proverbio indio*

Después de aprender a escuchar mejor, debemos mejorar nuestra comunicación asertiva. Del mismo modo que aprendemos a andar, a hablar y a pensar, también debemos aprender a comunicar mejor. La mayor parte de los conflictos entre las personas se deben a una inadecuada comunicación y a unas erróneas atribuciones. Es decir, si el motivo del conflicto no es la incorrección en el mensaje, sí lo es la interpretación a que da lugar. Esto es válido en todos los terrenos en los que nos movemos ya sea en el hogar, en la oficina o en el equipo de fútbol. Mejoraremos nuestra comunicación asertiva bajo las condiciones siguientes:

a) El mensaje debe contener explícitamente aquello que queremos comunicar. No se puede pretender que el otro entienda o sobrentienda aquello que no decimos. Son muchas las personas que comunican bajo pensamientos tipo: «A buen entendedor con pocas palabras basta», «Cuando digo esto él/ella ya sabe a qué me refiero» o «Con el tiempo que llevamos juntos ya me conoce y sabe lo que quiero decir». Pues no. Aquello que pretendemos trasmitir al otro se debe explicitar. Si esta noche desea ir al cine no se le ocurra decirle a su pareja «¿Qué quieres hacer esta noche?», porque lo más probable es que no vaya al cine.
b) Se debe iniciar la comunicación en el lugar y el tiempo adecuados. Ser oportuno.
c) El mensaje debe estar centrado en uno mismo y no en el otro. Hay que expresar lo que uno quiere, desea, piensa, solicita o siente, y evitar mensajes culpabilizadores, acusadores, amenazantes o simplemente inoportunos.
d) La expresión y el mensaje deben implicar respeto y consideración hacia los otros.

Recordará el lector el caso que comentamos al principio de la familia Puig y de esas zapatillas que siempre están en el comedor. Veamos:

- Si nos detenemos, observamos y analizamos la eficacia y las consecuencias del discurso que utilizamos cada día.
- Si empatizamos con el menor y analizamos sus sentimientos y emociones ante nuestras palabras que claramente implican culpa, reproche, amenaza.
- Si mejoramos nuestra comunicación asertiva, según lo apuntado hasta aquí.
- Si buscamos un buen momento y un lugar adecuado podríamos decir algo así como: «Sebastià, no me gusta ver las zapatillas en el comedor, ni me gusta vivir con desorden. No me siento bien. ¿Podrías ayudarme a sentirme mejor guardando las zapatillas en su sitio? Me harías un gran favor».

Toda mejora en las relaciones personales debe iniciarse en una mejora de los prejuicios que solemos tener, ya sea sobre nosotros mismos, sobre los otros o sobre la vida en general. Así, por ejemplo, ¡cuántas veces atribuimos mala fe en las acciones o comentarios de aquellos con los que convivimos, es decir, aquellos que sabemos que nos quieren!

La comunicación asertiva es la manera más eficaz
de expresar nuestros sentimientos y defender
nuestros derechos.

UN EJEMPLO

Los derechos no se conceden, se conquistan.

NOAM CHOMSKY

María era una paciente que vino a mi consulta debido a la mala relación que tenía con las personas a las que más quería. Era poco habitual que acabara una semana sin haber tenido algún conflicto con Toni, su pareja, o con su hijo. A medida que avanzaba el tratamiento, es decir, su aprendizaje y práctica de aquello que no sabía, fue aprendiendo a relativizar, a empatizar, a prever que «ellos» se comportarían como era de esperar que lo hicieran y a comunicar con asertividad. Las relaciones con Toni y su hijo iban mejorando, pero en una determinada visita llegó con expresión desencajada, con el ánimo por los suelos y profundos sentimientos de desesperanza. Este fue su relato:

—Estoy muy mal. En muy pocos días he tenido tres trifulcas con mi pareja. Ya el primer día me quedé muy hundida, pues me acusó de vivir a costa de él, y no solo no es cierto, sino que yo nunca le he hablado de que yo he aportado casi todo el patrimonio que tenemos y que hemos estado disfrutando. No lo comprendo. Pero aún fue peor el episodio que ocurrió cuarenta y ocho horas después, pues me acusó de llevar una vida vacía. No valora nada de lo que hago. Me moría de rabia. ¿Cómo se atreve a juzgarme y a acusarme de lo que hago o no hago? Claro, después de esto ya sé que me pongo borde y que entonces estoy insoportable. Y, así, tuvimos un tercer altercado. Lo peor es que quince días después aún no se ha disculpado, ni justificado, ni siquiera ha querido hablar de lo sucedido. ¿Cómo me puede tratar con tanto menosprecio, con tanta falta de respeto?

Tuvimos que volver a empezar. Reconoció que no era la primera ni la segunda vez que cosas así les ocurrían. Se refirió, también, al hecho de que Toni había sido una persona muy trabajadora, pero que ya de joven vivía en un ambiente de amigos que tenían una vida fácil por las posibilidades económicas superiores de sus padres. Con frecuencia sacaba a relucir que, mientras él trabajaba, sus amigos se iban a esquiar. Ahí tercié:

—Has estado centrando tu atención en el trato irrespetuoso y de menosprecio de sus mensajes, y en los sentimientos de rabia y de indignación que te han invadido. Pero, por un momento, ¿puedes centrarte en analizar qué sentimientos crees que han motivado el comportamiento de Toni?

María se quedó pensativa, pues no había reparado en que podía centrar su atención en ese aspecto. De hecho, tuve que repetirle la pregunta y aclararle el sentido, pues le costaba dejar de sentirse mal ante el recuerdo de este episodio. Por fin respondió:

—Quizás tenga cierta envidia de mi posición económica, de mi tiempo libre... o también puede que se sienta inseguro o maltratado por la vida, ¿no?

Empezábamos bien el cambio y la mejora, pues ante estos pensamientos no solo disminuían los sentimientos negativos, sino que, gracias a una mayor comprensión de la causa emocional, María podía empezar a pensar en la manera de mejorar la situación y mostrar a Toni su malestar de forma más afectiva y eficaz. Pasados unos segundos en los que se centró en la cuestión, ella misma propuso:

—Podría decirle que me sabe mal ver que se sienta mal y que puedo comprender su malestar, y que si abandonamos las culpas podríamos buscar algún tipo de solución a su malestar. También podría, en ese o en otro momento, exponerle mis sentimientos y, en fin, decirle que me gustaría que ante situaciones como las que hemos vivido los tuviera presentes.

La convivencia se mejora con empatía
y comunicación asertiva.

A MODO DE RESUMEN

Si hay dos conceptos clave en el aprender y enseñar a vivir y a convivir, estos son la autoestima y la empatía. Por eso hemos dedicado un capítulo a este último, dada su importancia y relevancia ante el objetivo de mejora que pretendemos. Sin lugar a duda alguna, si en este mundo dispusiéramos de unos kilos más de empatía se convertiría en un lugar inmensamente mejor. En este capítulo se exponen el concepto, las características, las consecuencias y las estrategias para mejorar la empatía.

7

OTRAS COMPETENCIAS SOCIOEMOCIONALES

Vive hoy. Es más tarde de lo que piensas.

Proverbio chino

Hay una serie de conceptos básicos que toda persona debería tener presente en la vida, cada día, cada «aquí y ahora». Además, con la práctica, estos valores de la vida se convierten en elementos fundamentales en la persecución de nuestro objetivo vital, pues nos acercan al sentimiento de felicidad.

CREATIVIDAD

Temo el día en que la tecnología sobrepase nuestra humanidad. El mundo solo tendrá una generación de idiotas.

ALBERT EINSTEIN

Se define la creatividad como la capacidad para descubrir metas, resolver problemas, inventar salidas cuando parece que no las hay, evitar la rutina, el aburrimiento o la desesperanza. Es la capacidad de crear, de producir cosas nuevas; es la capacidad que tiene el cerebro humano *para* llegar a conclusiones e ideas nuevas y resolver problemas de una forma original; es un proceso original que da lugar a ideas originales que tienen valor. En su materialización puede adoptar formas literarias, artísticas o científicas, y también puede desplegarse en la vida diaria, mejorando la calidad de la misma. La creatividad es un proceso clave para el desarrollo personal y el progreso social, y por ello se incluye en el campo de la psicología. Las principales características de las personas creativas son:

- Una gran curiosidad intelectual.
- Una personalidad independiente.
- Flexibilidad con respecto a medios y objetivos.
- Una sensibilidad que les permite percibir mucho más lo que se da en el contexto en que se mueven y descubrir las necesidades que sufre su entorno y lo que es necesario hacer para que las cosas funcionen mejor.

El acto creativo es, al mismo tiempo, cognitivo y emocional. La intuición creativa es un acto cognitivo, pero comprender su valor, desarrollarlo y llevarlo a cabo requiere competencias emocionales como la confianza, la iniciativa, la perseverancia y la capacidad de persuasión. Y, además, la creatividad requiere también cierto tipo de competencias de autorregulación que permiten superar las resistencias internas activadas por las mismas emociones que se mueven entre la depresión y la euforia, la apatía y el entusiasmo, la distracción y la concentración. Es ya histórico el modelo que divide en cuatro estadios el acto creativo:

1. Preparación.
2. Incubación.
3. Iluminación.
4. Ejecución.

Existe una relación evidente entre creatividad e inteligencia emocional de la que hablaremos más adelante. También existe una intensa relación entre la creatividad y la capacidad de estar concentrado en el presente, en el «aquí y ahora». Con frecuencia solemos escuchar comentarios de personas que centran su atención en el futuro, mientras que otras a menudo están ancladas en recordar cosas del pasado y, mientras esto sucede, no están en el presente. De hecho, el 90 % de nuestro tiempo lo dedicamos a pensar en el futuro o en acontecimientos pretéritos. Sin embargo, únicamente somos creativos cuando estamos concentrados en el momento presente. Un buen ejercicio para mejorar la creatividad y la capacidad de vivir el «aquí y ahora» consiste en dedicar media hora al día a estar concentrado en el presente. Un ejercicio de meditación o de relajación puede ser suficiente para cambiar en unas pocas semanas.

FLUIR

> Llevar a cabo planes y objetivos de nuestra elección, algo fundamental para fluir.
>
> MIHÁLY CSÍKSZENTMIHÁLYI

Mihály Csíkszentmihályi fue el primero en definir este concepto en la última década del siglo pasado. Describió el *fluir* como «el hecho de sentirse completamente comprometido con la actividad por sí misma. El ego desaparece. El tiempo vuela. Toda acción, movimiento o pensamiento surgen inevitablemente de la acción, del movimiento y del pensamiento previo, es como si estuviéramos tocando jazz. Todo tu ser está allí, y estás aplicando tus facultades al máximo». El *fluir*, o estado de atención total en lo que se está haciendo, implica estar con concentración e intensidad. Se suele llegar cuando se está inmerso en lo que se está ocupado con un grado óptimo de motivación. Es algo que todos hemos percibido más de una vez, y se caracteriza por una sensación de gran libertad, gozo, compromiso y habilidad, durante la cual las coordenadas temporales suelen olvidarse. El estado de fluir también implica una especie de atención plena, y se ha observado que la relajación, así como la meditación, pueden mejorar la capacidad de una persona para fluir. Entre otros beneficios, todas estas actividades sirven para entrenar y mejorar la capacidad de atención y concentración. En síntesis, el fluir puede describirse como un estado en el que la atención, la motivación y la situación se entrecruzan, dando como resultado una especie de armonía productiva. En la práctica, el fluir se sitúa en el mismo contexto que el concepto de *Mindfulness,* traducido como «atención plena» o «conciencia plena». Consiste en aprender a vivir intensa y atentamente en el «ahora y aquí», es decir, concentrado en los propios sentidos, en los sentimientos presentes y en lo que se está haciendo.

Es importante aprender y enseñar a vivir
concentrado, intenso y apasionado, ahora y aquí.

RESILIENCIA

> La humildad es el primer grado de la sabiduría.
>
> SANTO TOMÁS DE AQUINO

El término resiliencia se refiere a la capacidad de los seres humanos para enfrentarse y sobreponerse a las situaciones, a condiciones de vida sumamente adversas o a períodos de dolor emocional. Cuando un sujeto es capaz de sobreponerse a los contratiempos con mayor facilidad y adaptabilidad, se dice que tiene una resiliencia adecuada. La persona resiliente puede incluso resultar fortalecida por esos acontecimientos. El concepto de resiliencia se corresponde aproximadamente con términos como «entereza» o «resistencia». Uno de los estudiosos más importantes de la resiliencia ha sido Boris Cyrulnik, un neuropsiquiatra de familia judía que sufrió la pérdida de sus padres en un campo de concentración nazi del que logró huir siendo todavía un niño. Su propia experiencia vital le ha llevado a interesarse por el tema. Cyrulnik considera que, si bien la capacidad de resistencia y superación depende de varios factores, *el elemento indispensable es disponer de un sostén emocional, aunque sea de una sola persona*. Entre los principales componentes básicos de la resiliencia cabe citar:

- Las relaciones afectivas con otras personas.
- Las habilidades para gestionar las propias emociones.
- Identificar metas y programar los pasos para conseguirlas.

- Localizar el «locus de control»* en uno mismo, en lugar de desplazarlo a fuerzas externas.
- Una alta autoestima.
- Disponer de una percepción positiva de la vida en general y de la propia.

Los factores de protección de la persona resiliente consisten en tener o disponer de:

- Facilidad para contactar con los demás.
- Buen autoconcepto.
- Estilo cognitivo positivo.
- Habilidad para analizar el entorno.
- Alto grado de empatía.

Todos estos factores se pueden trabajar, aprender a mejorar y practicar. Se puede aprender a ser una persona resiliente, más allá de las características personales de cada uno.

Hay factores que nos desprotegen y afectan negativamente nuestra capacidad de superación y supervivencia, como son:

- Un bajo estado de ánimo persistente.
- El pensamiento disperso.
- El pánico.
- La impulsividad.

* Locus de control interno: el individuo asigna la causa de un hecho cualquiera a la misma persona que lo vive. Locus de control externo: el control es externo al individuo que vive la acción.

HUMOR

> Si un día te sientes inútil y deprimido... *¡recuerda que fuiste el espermatozoide más veloz de todos!*
>
> GROUCHO MARX

Tener sentido del humor y usarlo es un componente protector que ayuda a defenderse de la ansiedad y el abatimiento que producen las adversidades prolongadas y la depresión. Está demostrado que el humor actúa como depurador, con la función primordial de descargar la tensión emocional. Con frecuencia provoca el reflejo de la risa, que a su vez causa una oxigenación física y emocional.

Se ha comprobado que cualidades como el altruismo, la capacidad de aplazar las gratificaciones y el sentido del humor ayudan a las personas a sentirse mejor, a mejorar sus niveles de felicidad. Son numerosos los estudios científicos que han demostrado que el sentido del humor ayuda a las personas a afrontar mejor los sucesos estresantes o las enfermedades graves y, por consiguiente, aumenta las posibilidades de supervivencia.

Practicar el sentido del humor
es un componente protector
del buen estado de ánimo.

OPTIMISMO

> El pesimista ve dificultades en cada oportunidad. El optimista ve la oportunidad en cada dificultad.
>
> WINSTON CHURCHILL

Es optimista aquella persona propensa a ver y juzgar las cosas según su aspecto más favorable. El optimismo mejora la resistencia ante la depresión causada por los contratiempos, aumenta el rendimiento laboral, sobre todo en trabajos que constituyen un reto, y la salud física. Muchos de los errores cognitivos enumerados en apartados anteriores suelen conducir a las personas a vivir bajo un estilo de pensamiento pesimista en los diferentes aspectos esenciales de la vida. Por regla general, ante los acontecimientos diarios estas personas van confirmando su convencimiento pesimista, principalmente ante un aspecto básico de la vida: lo que pensamos de nosotros mismos y de las otras personas, es decir, de los seres humanos y de la vida o el futuro. Ejercer de optimista realista consiste en promover estados de ánimo positivos mediante estrategias destinadas a aumentar la satisfacción que se puede extraer de los acontecimientos. El ejercicio del optimismo también implica mejorar la manera de pensar y percibir, con el fin de maximizar las percepciones, explicaciones y perspectivas favorables de las cosas, incluyendo la valoración del esfuerzo invertido en el propio ejercicio. Uno de los elementos básicos del optimismo es el sentimiento de control sobre la propia vida. Esto se pudo comprobar en un estudio realizado en Estados Unidos. A una muestra de personas mayores se le asignaron dos tareas: cuidar unas plantas y la posibilidad de ver una película a la semana. A un grupo compuesto por la mitad de la muestra se le impuso unos horarios concretos, mientras que la otra mitad podía realizar las tareas cuando quisiera. Después de tres años de seguimiento se observó que los niveles de satisfacción vital y los indicadores de salud general eran mucho más altos en el segundo grupo, el de las personas que dispusieron de mayor control en sus vidas.

Es importante no olvidar la estrecha vinculación que existe entre el estado emocional y los pensamientos que nos puede ayudar a fomentar la disposición optimista. El optimismo no está reñido con la aceptación de los problemas reales o los aspectos negativos de ciertas situaciones. Pero sí lo está con la pasividad y el rechazo absoluto de cualquier estrategia que pueda ayudar a resolver los problemas o a mejorar la situación. La disposición optimista ayuda:

- A confiar en la propia competencia.
- A poner empeño en la labor.
- A no rendirse ante dificultades.
- A conservar cierta seguridad.

Las expectativas optimistas están asociadas a resultados superiores. Por otro lado, la disposición optimista contribuye a amortiguar el impacto emocional negativo de acontecimientos no favorables. Las principales características que se asocian al optimismo son:

- Sensación de control.
- Capacidad para concentrarse en una tarea pese a los reveses.

- No rendirse ante las dificultades.
- Mantener un compromiso activo con la vida.

Las personas optimistas realistas tienen la firme convicción de que las causas de las cosas buenas y deseables que reconfortan y alegran la vida son constantes y permanentes. Explican lo bueno que les sucede y que van logrando, no por la suerte o por agentes externos y circunstanciales, sino por causas permanentes relacionadas con sus propias capacidades, habilidades y actitudes positivas. El optimista, además, se autorrefuerza constantemente y los buenos resultados que obtiene hoy lo motivan para esforzarse y emplearse más a fondo en el futuro.

Las personas que crecen en un entorno positivo desarrollan una mentalidad positiva, mientras que los que crecen en entornos negativos desarrollan más una mentalidad negativa. En cualquier caso, en la identificación y sustitución de ciertas creencias está la base para el aprendizaje del optimismo.

Uno de los elementos básicos del optimismo es
el sentimiento de control de la propia vida.

INTELIGENCIA EMOCIONAL

> Cualquiera puede enfadarse, eso es algo sencillo. Pero enfadarse con la persona adecuada, en el grado exacto, en el momento oportuno, con el propósito justo y el modo correcto, eso, ciertamente, no resulta tan sencillo.
>
> ARISTÓTELES,
> citado por DANIEL GOLEMAN
> en *Inteligencia emocional*, 1996

Los primeros en referirse al concepto de «inteligencia emocional» fueron Martin Beldoch, ya en 1964, Hanscarl Leuner en 1966 y Stanley Greenspan en 1989. A Peter Salovey y John Mayer se les atribuye la introducción en 1990 del concepto actual de inteligencia emocional en el campo de la psicología. Lo definieron como «la capacidad de percibir los sentimientos propios y los de los demás, distinguir entre ellos y servirse de esa información para guiar el pensamiento y la conducta de uno mismo». Interesados en avanzar en el campo de las emociones, propusieron un modelo con cuatro dominios de aptitudes relacionadas:

1. La habilidad para percibir las emociones propias y ajenas de forma precisa.
2. La habilidad para encauzar y usar las emociones de suerte que faciliten el pensamiento y el razonamiento.
3. La habilidad para comprender las emociones, especialmente el lenguaje de las emociones.
4. La habilidad para regular y *controlar* las propias emociones.

Estas habilidades se desarrollan a lo largo de la vida y son susceptibles de cambio y evolución continua.

Fue en 1996 cuando vio la luz el libro de Daniel Goleman *Inteligencia emocional.* Es cierto que por aquel entonces eran muchos los psicólogos interesados en estos temas. Después de centrarse en la conducta, algunos profesionales se habían dedicado a los aspectos cognitivos del ser humano. Empezó a interesar el mundo de las emociones, pero el libro de Goleman representó un despertar del interés de la sociedad por esos temas, que hasta entonces solo habían sido tenidos en cuenta por unos pocos. Goleman definió la inteligencia emocional de acuerdo con siete características:

1. Capacidad de motivarse.
2. Capacidad de perseverar en el empeño a pesar de las posibles frustraciones.
3. Capacidad de controlar los impulsos.
4. Capacidad de diferir las gratificaciones.
5. Capacidad de regular el estado de ánimo propio.
6. Capacidad de evitar que la angustia interfiera las facultades racionales.
7. Capacidad para empatizar y confiar en los demás.

Estas características se han relacionado no solo con los éxitos profesionales o personales, sino con la obtención de un mejor nivel de bienestar emocional y, en último término, un mayor grado de felicidad. Ciertos conceptos, como mejora cognitiva, autocontrol de conducta, regulación emocional, asertividad, empatía, autoestima, etc., han sido motivo de estudio, y se ha podido comprobar que el aprendizaje y la práctica adecuada permiten la mejora del bienestar emocional y físico.

FORTALEZAS PERSONALES

> Di siempre la verdad, así no tendrás que recordar lo que has dicho.
>
> MARK TWAIN

Honestidad, lealtad, perseverancia, generosidad, bondad, sabiduría, imparcialidad, ecuanimidad y otras dieciséis fortalezas personales se valoran en todas las culturas del mundo, pueden forjarse incluso a partir de unos cimientos frágiles, y con suficiente práctica se llegan a interiorizar.

Una *fortaleza* es un rasgo, una característica psicológica que se presenta en situaciones distintas y a lo largo del tiempo. Una fortaleza es valorada por derecho propio. A menudo sus consecuencias son positivas. Martin Seligman describe veinticuatro fortalezas agrupadas en seis grandes grupos conceptuales. Son las siguientes:

- *Sabiduría y conocimiento*
  1. Curiosidad / Interés por el mundo.
  2. Amor por el conocimiento.
  3. Juicio / Pensamiento crítico / Mentalidad abierta.
  4. Ingenio / Originalidad / Inteligencia práctica / Perspicacia.
  5. Inteligencia social / Inteligencia personal / Inteligencia emocional.
  6. Perspectiva.
- *Valor*
  7. Valor y valentía.
  8. Perseverancia / Laboriosidad / Diligencia.
  9. Integridad / Autenticidad / Honestidad.

- *Humanidad y amor*
  10. Bondad y generosidad.
  11. Amar y dejarse amar.

- *Justicia*
  12. Civismo / Deber / Trabajo en equipo / Lealtad.
  13. Imparcialidad y equidad.
  14. Liderazgo.

- *Templanza*
  15. Autocontrol.
  16. Prudencia / Discreción / Cautela.
  17. Humildad y modestia.

- *Trascendencia*
  18. Disfrute de la belleza y la excelencia.
  19. Gratitud.
  20. Esperanza / Optimismo / Previsión.
  21. Espiritualidad / Propósito / Fe.
  22. Perdón y clemencia.
  23. Picardía y sentido del humor.
  24. Brío / Pasión / Entusiasmo.

A MODO DE RESUMEN

Con frecuencia hemos ignorado la importancia de aprender a vivir teniendo conciencia de la trascendencia de ciertos valores que, a buen seguro, nos pueden ayudar en nuestro objetivo de aumentar nuestra felicidad y que debemos enseñar a nuestros hijos y alumnos. En este capítulo hemos repasado conceptos y actitudes como creatividad, fluir, resiliencia, sentido del humor, optimismo, inteligencia emocional y las llamadas fortalezas personales.

8

ANTES DE QUE LLEGUE EL INVIERNO

DE LA EDUCACIÓN PRIMITIVA...

«Ahora sabemos mucho mejor que antes lo que deseamos, y conocemos formas de aprender y enseñar a vivir y a convivir mejor. Esta puede ser la hora de empezar a practicar». Estas son las palabras con las que concluía *Libertad emocional*. Han transcurrido diez años y el epílogo, ahora, bien pudiera ser el mismo. Cierto que hemos avanzado en conocimientos y en una mayor concienciación de la necesidad de efectuar cambios en nuestra forma de vivir y de educar, aunque hay un mensaje que hay que tener en cuenta, tanto entonces como en la actualidad. No podemos esperar que nadie haga por nosotros el trabajo de cambiar todo aquello que podemos, sabemos y debemos cambiar. La velocidad de crucero a la que se están sucediendo los acontecimientos nos obliga a no perder tiempo a la hora de modificar y mejorar lo que hacemos y enseñamos a hacer, lo que pensamos y enseñamos a pensar, y lo que sentimos y enseñamos a sentir.

Desde los siglos de los siglos hemos vivido y convivido, y enseñado a vivir y a convivir, bajo las reglas del reino animal, sin más. Los seres humanos no hemos puesto la inteligencia y la racionalidad al servicio del progreso emocional, y hemos vivido, y aún vivimos, sometidos a principios primitivos que nos convierten en esclavos de nuestras propias emociones. La vida, dedicada a la búsqueda de la inalcanzable seguridad total, sometida al egoísmo individual y a una educación primitiva, ya no es ni conveniente ni posible. Es urgente que nos percatemos de la imperiosa necesidad de cambiar si no queremos perecer como especie.

... A LA EDUCACIÓN HUMANA

Como fruto de estos principios de vida, nos encontramos donde nos encontramos. Unos pocos son propietarios de gran parte de las riquezas de este mundo, mientras que la gran mayoría intenta acceder a la felicidad bajo condiciones indignas de un ser humano. Es de sobras conocido el hecho de que si se gestionaran bien los recursos del planeta, el hambre no existiría en la Tierra. Hoy también somos conocedores de la histórica manipulación que unos pocos han ejercido y siguen ejerciendo de las emociones de la gran mayoría. Y más, ¿podemos permitirnos el sufrimiento que muchas personas están soportando a causa de los prehistóricos abusos de los fuertes sobre los débiles? ¿Hasta cuándo se perseguirá, discriminará, penalizará e incluso ejecutará a seres humanos por el mero hecho de ser diferentes, ya sea por su inclinación sexual, por el color de la piel, por ser ateo o por ser religioso? ¿Cómo es posible que aún haya personas que experimentan placer, como hace cientos de años, torturando y maltratando animales? Así mismo, también tiene una larga historia el uso de la fuerza y del poder sobre las inteligencias, lo que ha dado lugar a toda clase de usos y abusos. Hoy en día, no es de recibo que el mundo financiero dirija nuestras vidas en todos los confines del planeta. En fin, ¿por qué no nos educamos de forma más protectora y preventiva ante el sufrimiento emocional, ya que todo esto es posible, entre otras causas, debido a nuestro retraso emocional?

Se observa en muchos lugares de la Tierra un creciente sentimiento de indignación que nos aboca a exteriorizarlo exigiendo cambios *desde arriba*. Con demasiada frecuencia estos sentimientos no hacen más que aumentar la frustración y el desengaño del personal. Desde siempre se ha escuchado, en caso de surgir algún cambio, aquello de que «son distintos perros con los mismos collares». Somos todos los que necesitamos cambiar, mejorando y modificando todo lo que podemos, sabemos y debemos cambiar en nuestras vidas y en la educación que ofrecemos a nuestros hijos. Y ese cambio debe ser acometido con urgencia, porque puede que las próximas generaciones no tengan una segunda oportunidad sobre la Tierra.